On attend un nouveau bébé

«C'est la vie aussi»
Collection dirigée par Bernadette Costa-Prades

À Dominique, ma maman, qui «nous manque trop», comme dirait Jules.

F. D.

Bernard Geberowicz
Florence Deguen

On attend
un nouveau bébé

L'accueillir dans la famille

Albin Michel

Introduction

Votre famille va bientôt s'agrandir. C'est une formidable nouvelle, porteuse de promesses, d'espoirs... et de bouleversements potentiels. N'êtes-vous pas déjà chamboulés, vous-mêmes, à l'idée d'accueillir un nouvel enfant? Et pourtant, c'est bien à vous, parents, qu'il incombe de préparer votre petit monde à aborder sereinement ce nouveau chapitre de la vie familiale. À vous qu'il revient d'annoncer à l'aîné qu'il va devoir composer avec un petit frère ou une petite sœur. À vous de trouver les bons mots, les bons gestes, la bonne attitude pour transformer cette «merveilleuse» nouvelle en une «merveilleuse» réalité.

Comment faire comprendre à l'enfant unique que la construction d'une fratrie – et les futurs coups de pied du petit frère dans sa tour en Lego – sont une chance pour lui? Comment en parler, si l'aîné est un bébé, un ado, si la naissance a lieu dans une famille recomposée ou s'il s'agit d'une adoption?

À l'heure où les couples les plus amoureux ne sont pas certains de passer le cap des trois ans, les enfants sont devenus le seul investissement sûr et durable, et la fratrie, le seul véritable lien «pour la vie», en dehors de celui unissant parents et enfants. Pour la vie? Voilà qui donne une sacrée responsabilité. Et si l'un souffrait à cause de l'autre? Et si la jalousie s'en mêlait? Et si, surtout, ce nouvel enfant brisait le fragile équilibre existant?

À l'heure d'annoncer joyeusement à un «grand» qu'un bébé va bientôt rejoindre la maisonnée, voilà toutes les questions qui vous tenaillent plus ou moins consciemment, et qui vous font craindre les faux pas, les maladresses, les réactions imprévisibles.

Il est clair qu'aujourd'hui, réussir sa famille est un vrai défi pour les parents. Avec tout ce qu'il contient de motivant mais aussi d'intimidant. Il y aura forcément quelques ratés… Mais ce n'est pas pour autant, vous allez le voir, que le défi est difficile à relever. La culpabilité des parents, l'angoisse de l'enfant d'être remplacé, la complexité des relations fraternelles ne sont pas une fatalité. Beaucoup de réactions sont passagères, voire évitables, surtout si on les analyse pour ce qu'elles sont, et non pas pour ce qu'on redoute qu'elles soient. Il s'agit, au fond, de porter un regard optimiste sur vos enfants : sur celui qui est déjà là, comme sur celui qui va arriver…

Parce que c'est la situation la plus courante – et la plus génératrice d'interrogations –, il sera fréquemment question dans ce livre de l'arrivée d'un deuxième enfant. Qu'importe : ce qui est valable pour un aîné l'est presque toujours pour deux ou trois enfants. Et attendre un nouveau bébé est toujours, pour toute la famille, la même déroutante et merveilleuse aventure !

Chapitre 1
Et vous,
que ressentez-vous?

**Le test est positif, ce nouveau bébé est désiré...
Et pourtant, bien des parents se retrouvent tout intimidés
à l'idée d'annoncer la nouvelle à leur aîné. Pourquoi
l'impatience de partager ce bonheur est-elle nimbée
d'appréhension?**

▓ L'envie de réussir cette fratrie

⇨ Quelle pression !

Si l'on devait résumer l'état d'esprit de bien des parents,
aujourd'hui, il faudrait aller puiser dans le vocabulaire
de la performance et de la compétition : ils «se mettent
la pression». Les enfants sont rares et précieux, ils arri-
vent de plus en plus souvent quand le couple a dépassé
la trentaine, déjà roulé sa bosse et mis bien des choses

sur les rails. La naissance d'un bébé est planifiée, elle est devenue l'étape incontournable d'un projet de vie global qui ne laisse plus grande place au hasard. Tous les chapitres de ce projet sont importants, et on se fait un devoir de tous les réussir : la vie professionnelle, le développement personnel, la vie amoureuse... et la famille. Cette notion ringarde dans les années 1970 est en passe de redevenir la valeur refuge de ce début de millénaire. Plus le monde est saturé de compétition et d'individualisme, plus on cherche à se réfugier dans cette bonne vieille cellule ancestrale, quitte à la parer de vertus illusoires. Le couple va donc avoir envie de réussir son histoire avec chaque enfant, de «réussir chaque enfant» et – gageure suprême – de réussir l'entente entre les enfants. Qu'attend-on, au fond, de cette fratrie unie, de cette harmonie familiale ? Une force pour mieux affronter le monde !

⇨ L'enfant unique ne fait pas rêver

Assez peu de couples décident dès le départ de ne pas avoir d'enfants ou de n'en avoir qu'un. Alors que la maîtrise de la fécondité a fait chuter le nombre d'enfants par famille, la majorité des couples continue d'en avoir deux, et ce n'est pas un hasard car bien des parents pensent qu'une descendance unique n'est simple pour personne – un huis clos pesant pour chacun des trois protagonistes, une situation bancale, comme l'est n'importe quel trio. L'enfant unique traîne la mauvaise réputation d'être trop choyé, trop proche des adultes, trop exclusif, pas partageur... et pas vraiment heureux. D'ailleurs, ne s'ennuie-t-il pas terriblement, tout seul, au milieu de ses jouets? Le deuxième enfant, au contraire, est vécu comme une promesse d'équilibre, une aération, la possibilité d'une meilleure répartition des rôles et des interactions dans la famille. Et surtout, il doit faire – tous les parents en rêvent – un merveilleux compagnon pour son grand frère.

⇨ La complicité, pour la vie

Des fous rires à n'en plus finir, des cris joyeux, des chuchotements et des silences complices dans une chambrée interdite – et impraticable – pour les parents... L'aspect magique de la fraternité, celui qui fait regretter à Maxime Le Forestier de n'avoir pas eu de frère, c'est bien de vivre avec un autre soi différent, «comme deux copains qui se ressemblent». Qu'ils aient vécu ou non cette complicité, les parents comptent beaucoup sur l'expérience de la fraternité pour offrir à leurs enfants une occasion supplémentaire de se développer avec un «pair» sur le plan relationnel.

Et puis c'est une promesse de stabilité : les couples bougent beaucoup, se font et se défont, mais les fratries, elles, sont immuables. Mettre au monde un autre enfant scelle donc quelque chose d'irréversible et de solide, quelle que soit la façon dont l'alchimie va prendre. Une relation qui survivra au couple après sa mort, symbolique ou réelle.

La peur de la rivalité

⇨ La fraternité ne va pas de soi

Elle a beau être un des mythes fondateurs de l'humanité et un des trois principes inscrits dans la devise de notre République, on sait bien que les relations fraternelles peuvent être épouvantablement haineuses. Caïn et Abel ont peut-être eu quelques fous rires complices, cela n'a pas empêché le premier d'exécuter le second. Sans aller chercher aussi loin dans les mythes, truffés de relations fraternelles orageuses et complexes, il y a notre propre expérience familiale. Ces sœurs qui ne se parlent plus depuis vingt ans, du côté paternel ; le souvenir de cette abominable querelle autour d'un héritage, qui a fait se brouiller notre oncle et notre mère, et, encore, toutes ces disputes, envies, bagarres qui ont jalonné notre propre enfance. On sait bien que la relation entre frères et sœurs est ambivalente ; que sont indissociables, en tout cas, les fous rires et les coups de gueule, les câlins et les crêpages de chignon... Et que c'est parfois tout simplement très douloureux. Parce qu'on a eu l'impression – et qu'on l'a peut-être encore – d'être le moins aimé des deux, ou le moins chanceux, ou le moins heureux... Notre propre histoire influence forcément notre vision des choses, et beaucoup de nos appréhensions sont liées à ce que l'on a envie de recréer ou pas.

⇒ Inquiétudes sur l'écart d'âge

C'est un des premiers calculs que les parents font, largement relayés par les grands-parents, amis, relations... Combien les enfants auront-ils d'écart d'âge? Vous verrez – et très vite – que tout le monde a son avis, plus ou moins éclairé, sur le nombre idéal d'années. Un an et demi? Les visages se tordent : «De vrais jumeaux, mais trop rapprochés, la mère va être épuisée.» Deux ans et demi? : «C'est idéal, ils pourront vraiment jouer ensemble... mais qu'est-ce qu'ils vont être rivaux!» Cinq ans? : «C'est beaucoup, mais l'aîné sera moins jaloux...» Ce questionnement anxieux tourne presque toujours autour de deux grands thèmes indissociables : complicité et jalousie. Comme si l'un était constructeur et l'autre pas. Les «bons» sentiments, seuls, sont aujourd'hui valorisés, au point que l'on en vient à redouter d'autres sentiments naturels, qui participent pourtant, eux aussi, à la construction des enfants. La rivalité, l'envie d'écraser l'autre, l'envie tout court, sont des états passagers, qu'il faut savoir reconnaître, mais ne pas forcément brimer. Aucune fratrie n'y échappe! Ces sentiments ambivalents alterneront, parfois même d'une demi-heure à l'autre, quel que soit l'écart d'âge des enfants. Il n'existe pas de schéma parfait ; et plus que l'écart d'âge, c'est surtout l'état d'esprit dans lequel se trouve le couple pour accueillir ce nouvel enfant qui prévaut. Ne vaut-il pas mieux qu'il arrive sept ans après le premier dans un couple stabilisé, plutôt que deux ans seulement si les parents ne sont pas prêts à l'accueillir? A contrario, un second enfant qui s'annonce beaucoup plus tôt que prévu n'oblige-t-il pas à prendre la vie comme elle vient, et finalement à s'en sortir plutôt bien? Le plus simple, et le plus sain, c'est d'assumer la part de décision et la part de hasard de cette nouvelle aventure. Plus ou moins rivaux, plus ou moins complices, les enfants s'accommoderont de leur écart d'âge. Il est rare qu'ils n'y trouvent pas, eux-mêmes, des inconvénients… et des avantages!

↦ Sentiment de dette envers l'aîné

Ce qui caractérise une fratrie, c'est la succession des naissances (donc l'écart d'âge entre chacune), la distribution des sexes et le nombre d'enfants. Seule la distribution des sexes reste – pour le moment, du moins – le fait du hasard (même en cas de fécondation in vitro et, normalement, d'adoption)... En revanche, les parents maîtrisent à peu près succession et nombre. Ce faisant, ils endossent une responsabilité qu'ils ont parfois du mal à assumer vis-à-vis de leurs enfants. À une époque où la liberté de décision, l'affirmation de la volonté individuelle, le respect du désir de chacun sont considérés comme essentiels, ce n'est pas si facile de contraindre ceux que l'on aime à s'adapter à des situations nouvelles. Le parent moderne est donc empêtré dans cette culpabilité-là au moment d'annoncer à son enfant qu'il en attend un autre. Il se sent vaguement fautif de lui imposer cet événement qui le concerne, mais sur lequel l'enfant n'a aucun pouvoir de décision, et il a donc, d'emblée, envie de s'en excuser! C'est une erreur bienveillante, mais une erreur quand même. Le meilleur moyen de rendre l'arrivée du petit frère ou de la petite sœur difficile pour l'aîné, c'est bien de la teinter de culpabilité.

L'aîné fonde le couple, le second fonde la famille

⇨ Un désir ambivalent

La naissance d'un premier enfant bouleverse irrémédiablement la vie de ses parents. Plus rien ne sera jamais comme avant, et il faut beaucoup d'amour et d'humour pour résister à ces nuits écourtées, à cette avalanche de responsabilités, ce merveilleux fil à la patte qui met définitivement fin au tête-à-tête amoureux. Bien des couples tanguent un peu, et attendent, d'un commun accord, de trouver un nouvel équilibre avant de se projeter dans le désir d'un deuxième enfant. Idéalement, ce désir est important : il faudrait que l'arrivée du deuxième se fasse une fois que la naissance de l'aîné est un peu digérée, que le père et la mère aient chacun envie de reproduire un tant soit peu ce qu'ils viennent de vivre et de consolider la cellule familiale. Si cela a été dur, il faut un peu de temps. Mais les femmes, dont l'horloge biologique tourne, ont parfois tendance à imposer à leur compagnon une deuxième grossesse plus tôt qu'il ne l'aurait souhaité. Heureusement, neuf mois, c'est long. Assez, pour que l'idée – et le désir – fasse son chemin chez le père. D'ailleurs, quand tout va bien chez un couple synchrone, ce n'est pas forcément plus simple : souvent, les parents ont davantage de scrupules à briser un équilibre tout neuf. Ils ont à la fois envie de se donner des moyens supplémentaires d'épanouissement et de bonheur, mais ils savent par expérience que toute nouveauté modifie l'équilibre et risque d'aller vers une situation plus compliquée : grossesse plus difficile, moins bonne santé de l'enfant, réaction déstabilisante de l'aîné... Autrement dit, qu'elle arrive au moment choisi ou qu'elle bouscule un peu les parents, la venue d'un nouvel enfant est toujours ambivalente, et pas seulement pour le premier-né !

⇨ Une nouvelle dynamique

Si elle ne se met pas en place au moment précis de la lecture du test de grossesse, cette nouvelle dynamique s'imposera tôt ou tard. Le premier enfant a renvoyé chacun des parents à ses propres parents, sa propre histoire. Il est venu aussi révéler – et idéalement sceller – la relation amoureuse. Le second enfant (comme tous les suivants) projette cette fois les parents vers leur descendance, car – même dans un contexte très fragile – il représente toujours un projet de stabilité, qui vient étayer la relation (c'est un pied de plus au trépied) et l'équilibrer. Même pour l'aîné, cette nouvelle dynamique est perceptible et rassurante. Ne vous a-t-il pas harcelés, ces derniers temps, pour avoir un petit frère ou une petite sœur? S'il est en âge de comprendre la notion de famille, s'il a observé ce qui se passe autour de lui, chez les cousins et les copains, l'arrivée du bébé peut tout simplement le rassurer... sur l'envie que ses parents ont de rester ensemble.

⇨ Aurons-nous assez d'amour pour deux?

C'est une question fréquente et douce-amère, même si elle est rarement formulée. On regarde son aîné jouer, rire, trottiner, et l'on se demande si le second sera aussi beau, aussi touchant, aussi conforme à nos souhaits. Cette question, on ne se l'est pas posée pour le premier. Mais c'est lui qui a fait de nous des parents, et c'est notre seule référence, si unique qu'il est difficile d'imaginer pouvoir être porté par un même élan vers un autre enfant. Rassurez-vous, l'amour est expansif, et vous aurez très vite l'occasion de le vérifier. En attendant, le mieux que vous ayez à faire est de vous ouvrir à votre conjoint, de parler ensemble de vos attentes, de ce petit pincement au cœur, de cette nouvelle aventure et de sa part d'inconnu. Les inquiétudes vont s'atténuer dans le dialogue et se résorber dans l'expérience. Vous réaliserez alors que l'on n'est pas parents la seconde fois de la même façon que la première.

L'enfant ne sera pas le même, la configuration familiale non plus, et vous-mêmes vous découvrirez probablement plus «zen», plus sûrs de vous, et tout aussi aimants! Il pourra y avoir des apparentements asymétriques : chacun de vous sera plus naturellement proche de l'un ou l'autre des enfants. Mais il est très rare qu'il y ait désamour spontané, et, lorsque cela arrive, ce n'est jamais une question de «pas assez d'amour pour deux» : soit il y a un problème dans le couple, soit un problème d'arrimage lié à un événement extérieur, mais ce n'est jamais lié à la personnalité de l'enfant.

L'essentiel

On sait bien que la relation fraternelle est ambivalente et qu'elle porte son lot de sentiments négatifs. Sauf qu'on s'interdit aujourd'hui – à tort – de considérer ces sentiments comme normaux. Ils sont pourtant inévitables et constructeurs.

Ne culpabilisez pas d'imposer un petit frère ou une petite sœur à votre aîné : pourquoi vous excuser de fonder une famille?

On attend un nouveau bébé

L'écart d'âge a moins d'importance qu'on ne le croit dans la mise en place de la relation fraternelle. Ne vous référez pas trop à votre propre histoire, ni à ce que vos amis en pensent, chaque situation est particulière. Vos enfants formeront une fratrie unique.

Un deuxième enfant porte toujours un projet de stabilisation, une nouvelle dynamique. N'ayez pas peur d'être optimistes !

Vous n'avez pas à craindre de ne pas aimer votre second enfant autant que votre aîné ; ce sera différent, mais aussi fort. Et sans doute plus serein.

Chapitre 2
« T'es content ? »

On a tellement envie qu'il saute de joie... On redoute tellement qu'il s'affole... Ce n'est pas si simple de trouver le bon moment, les bons mots pour annoncer la grossesse à l'aîné. Ni de se satisfaire de sa réaction.

▓ Pas trop tôt

⇨ Si c'est déjà fait

Beaucoup de parents – surtout les mamans – ne sont pas très à l'aise à l'idée de cacher de longues semaines à leur ou leurs aînés cette grande nouvelle si potentiellement bouleversante. La tentation est grande de «lâcher le morceau» le plus vite possible, et, parfois, c'est une gaffe plus ou moins involontaire qui fait office d'annonce. Combien de mères euphoriques rentrent dans la cuisine en brandissant leur test de grossesse et prennent à témoin leur aîné, perplexe, occupé à faire des dessins dans sa purée ? Si vous avez cédé à cet élan, il n'est pas possible de faire marche arrière et ce n'est pas très grave. Un trait bleu sur un test de grossesse n'a pas grand sens pour un enfant de 2, 3 ou 4 ans. Il perçoit votre excitation et ouvre des yeux ronds, certes, mais il a quand même du chemin à faire pour intégrer l'information. Vous reviendrez sur cette grande nouvelle plus tard, plus sereinement.

⇨ Si vous trépignez

Il n'est pas inutile d'essayer de se poser un peu, de respecter un temps d'arrêt sur vous-mêmes, le «vous» étant à la fois ce ventre encore plat mais déjà bien vivant, et puis le «vous» que représente votre couple à l'aube de ce nouveau chapitre commun. Il vaut donc mieux ranger votre test de grossesse dans un tiroir, le faire confirmer par une prise de sang et… savourer l'événement avec votre conjoint. Tant pis si votre euphorie saute aux yeux et surprend un peu l'enfant, il vous faut d'abord intégrer cette nouvelle. Les mots, l'explication, le partage de l'émotion peuvent arriver un peu plus tard. Le couple aussi a – plus que jamais et plus pour longtemps ! – besoin d'un peu de temps d'intimité pour lui. Il est important que vous discutiez ensemble de ces questions toutes simples : quand va-t-on l'annoncer, à qui et comment? Qu'en penses-tu? L'idéal est de choisir ensemble le bon moment pour expliquer à l'aîné que la famille va s'agrandir, et de le faire ensemble le jour choisi.

⇥ Après deux mois

C'est le délai le plus conseillé et le plus raisonnable, même si ce n'est pas toujours très facile de tenir jusque-là! La perception du temps pour un enfant, surtout petit, est très différente de la nôtre. À 2 ans, demain, c'est déjà loin... alors huit mois, c'est une éternité! En ne mettant pas immédiatement votre enfant dans la confidence, vous n'êtes pas en train de lui mentir ou de le trahir, juste de vous mettre à sa hauteur et de le protéger. Et puis, une grossesse à ses débuts est toujours fragile et incertaine, personne n'est à l'abri d'une fausse couche précoce, ou d'une mauvaise nouvelle. Il vaut mieux, y compris pour vous-mêmes, attendre la première échographie, le moment où vous serez rassurés, où vous aurez un peu assimilé cette nouvelle perspective, où vous pourrez pleinement vous projeter dans cette nouvelle vie qui est – avant tout – une nouvelle étape pour votre couple.

■ Pas trop tard

⇨ Avant d'être démasqués

Attendre un peu, ce n'est pas pour autant différer indéfiniment le moment de l'annoncer à l'aîné. D'abord, parce que tous les enfants ressentent très fortement la fébrilité de leurs parents. Ensuite, parce qu'un ventre qui a déjà abrité un bébé a une entêtante tendance à s'arrondir rapidement pour les suivants... Et vous prenez le risque, au-delà de trois mois, d'entendre un beau matin votre aîné s'exclamer : «Dis, t'as un bébé dans ton gros ventre?» La plupart du temps, les enfants n'attendent pas que la grossesse saute aux yeux pour laisser traîner leurs oreilles, pour commencer à dessiner des petits points dans des ronds, à se serrer étrangement contre elle ou à balancer des allusions équivoques... Si c'est le cas, il faut aller au-devant de ces signes.

⇨ Avant de passer pour des traîtres

L'enfant ne doit pas avoir le sentiment que ses parents lui cachent quelque chose de grave ou d'inquiétant. Il sera, de toute façon, important de lui expliquer pourquoi on a attendu un peu pour lui dire, qu'il y a une intimité des parents, que lui aussi a été conçu dans cette intimité... Et si cela peut pleinement le rassurer, ajouter : «Tu sais, quand j'étais enceinte de toi, j'ai aussi attendu trois mois pour le dire à Mamie...» Il faut en tout cas veiller à être les premiers à lui annoncer : rien de plus douloureux et troublant pour lui que d'apprendre que sa maman attend un bébé de la bouche d'une concierge bavarde ou d'un cousin plus âgé. Surtout s'il a plus de 3 ou 4 ans, il le vivra comme une mise à l'écart et pourra vous en vouloir. Considérez-le plutôt comme un de ceux qui doivent être les premiers avertis. Il n'est pas très utile, par exemple, de mettre dans la confidence son institutrice ou son assistante maternelle avant lui. Non seulement il découvrira tôt ou tard qu'elle était dans le secret, mais il ressentira, peut-être aussi, tout ce que cette démarche contient comme anticipation négative : «Maman a dû prévenir la nounou que je réagirais mal sûrement.»

▓ Mettez-vous à sa hauteur

⇥ N'en faites pas une cérémonie
On n'annonce pas à un enfant qu'il va avoir un petit frère ou une petite sœur en orchestrant une réunion de famille trop solennelle, ou en mettant en scène une

«super» surprise... qui peut ne pas l'être. La première annonce doit être simple et intime : le père, la mère et l'aîné (ou les aînés), tranquillement à la maison, c'est le cadre idéal. Plus vous en rajouterez, plus votre enfant sera perplexe, peut-être même effrayé par la persuasion que vous tenterez de déployer avec des phrases telles que : «C'est merveilleux, tu te rends compte, tu ne seras plus tout seul...» Il est important, aussi, de ne pas annoncer l'arrivée du futur bébé avec un livre : le livre, c'est une histoire, un support de discussion et d'explication qui sera très utile tout au long de la grossesse, mais pas au moment de lui apprendre la nouvelle. L'annonce doit être personnelle.

⇨ Une formule toute simple

L'idéal, en fait, c'est encore cette phrase qui nous vient spontanément : «Tu vas avoir un petit frère ou une petite sœur.» Même l'enfant de 15 ou 18 mois, qui ne parle pas encore, écoute et comprend – à sa façon – un certain nombre de choses contenues dans l'intonation, la mélodie de la voix et l'émotion qu'elle véhicule. Il faudra évidemment laisser l'information faire son chemin, mais il est important que soient utilisés des mots simples qui différencient d'emblée les enfants et installent l'ordre des naissances. Le «petit frère» ou la «petite sœur», ce n'est d'ailleurs pas très important pour l'enfant : il entend surtout «petit». On lui explique ainsi qu'il sera toujours l'aîné, que le bébé ne sera pas son double. Quant au «Tu vas avoir», c'est évidemment une façon de l'intégrer à l'événement, de lui attribuer un futur rôle actif dans la famille. Il faut juste veiller à ne pas trop donner à l'aîné l'impression que ce bébé est un cadeau qu'on lui fait, et utiliser chaque fois que possible le «nous». Pour autant, annoncer «Nous allons avoir un autre enfant» n'est pas une très bonne idée : elle ne précise pas qu'il y aura coexistence, elle peut donner à penser à l'aîné qu'il va être remplacé par un autre, et donc qu'il ne donne pas satisfaction.

⇥ Des repères d'enfants

La première annonce est rarement l'occasion pour l'aîné de harceler ses parents de questions biologiques ou existentielles. Il se peut qu'il vous demande pourquoi et comment le bébé est arrivé dans le ventre de Maman... mais c'est rare, à ce stade. En revanche, dès 2-3 ans, il y a peu de chances que vous échappiez à une question spontanée : «Mais il sera là quand, le bébé?» Répondre «Dans longtemps» est, avouons-le, un peu lapidaire et désespérant. Il vaut mieux essayer de donner des repères qui permettent à l'aîné de patienter selon ce que vous savez de sa représentation du temps. S'il est encore en maternelle, «Le bébé sera là dans six mois» ne veut pratiquement rien dire. En revanche, si l'enfant commence à intégrer les saisons, les événements, les anniversaires : «Le bébé sera là après Noël mais d'abord il y a la rentrée» a déjà plus de sens. Vous pouvez vous aider d'un grand calendrier, noircir au feutre les étapes qui représentent quelque chose pour lui, jusqu'au terme final supposé. Ce sera aussi l'occasion d'une première explication qui ne lasse pas de plonger les enfants dans la perplexité : on ne sait jamais exactement quand un bébé va arriver...

▨ «T'es pas content?»

⇨ Réaction mitigée

Tous les parents sont pareils, ils rêveraient que cette petite phrase qu'ils ont tant répétée dans leur tête et tant hésité à prononcer déclenche un cataclysme de bonheur et - presque - de remerciements chez leur aîné. Mais il n'y a pas un enfant qui accueille comme un autre le fameux «Tu vas avoir un petit frère», et la réaction n'est généralement pas celle que l'on attend. Certains sautent vraiment de joie ou manifestent leur

émotion. Mais rares sont ceux qui ont des yeux émer-
veillés et des exclamations enchantées comme au
pied du sapin de Noël. Au mieux c'est «Ah bon?» ou
«Ah!», et combien d'enfants tournent la tête vers la
télé ou enchaînent sur un désarmant «Qu'est-ce qu'on
mange ce soir?». Les tout-petits sont parfois tout simplement gênés par l'émotion des parents et ne savent
pas comment ils doivent réagir... Idéalement, il faudrait
pouvoir se contenter de toutes ces réactions, absolument imprévisibles, et ne pas s'en formaliser. Mais on ne
peut souvent pas s'empêcher de revenir à la charge :
«Alors, t'es content?»

⇨ Plutôt oui, parfois non

Cette question anodine «T'es content?» traduit bien
l'ambivalence des adultes : ils ont envie d'entendre
«oui», et ils redoutent que ce soit «non». Comme eux-
mêmes tentent de se persuader qu'ils ont fait un bon
choix, en mesurant les risques liés au changement!
Conformistes et soucieux de faire plaisir à papa et
maman, tout à leur surprise et à la curiosité, les aînés
répondent généralement «oui» (ouf!). S'ils n'ont aucun
exemple négatif sous le nez, s'ils n'ont pas des parents
trop inquiets, s'ils ont eux-mêmes réclamé souvent un
petit frère, la nouvelle à ce stade est plutôt joyeuse.

Mais il arrive aussi qu'ils répondent «non». L'enfant est une éponge : la première réaction est souvent celle du contexte de l'annonce. S'il vient de se faire gronder pour avoir renversé son verre, ce sera un «non» boudeur. Mais il y a aussi des «non» plus profonds. Des parents anxieux, qui lui ont répété pendant des mois des petites phrases du type «Profites-en tant que tu es seul», doivent s'attendre à de l'appréhension chez leur aîné à l'annonce d'un événement qui a été présenté – même inconsciemment – comme négatif pour lui.

⇨ Pas de panique

Si cette anxiété ne se manifeste pas le premier jour, elle surgira tôt ou tard, et il faudra l'écouter. L'arrivée d'un tiers, avec lequel il faudra composer et vivre, ce n'est neutre pour personne, même si cela peut être joyeux et extrêmement positif. Quel que soit son âge, quelle que soit sa place dans la famille, chaque enfant est bousculé par l'arrivée d'un autre enfant. Mais être bousculé fait vaciller, pas forcément chuter : cela oblige à retrouver son équilibre. Pour l'heure, moins vous guetterez et provoquerez de l'anxiété par vos questions, moins la bousculade sera déséquilibrante. Si l'enfant ne réagit pas exactement comme vous l'auriez rêvé, s'il ne pose pas de questions ou s'il boude, ne vous en formalisez pas. Une grossesse, c'est long. Les occasions seront nombreuses de rectifier le tir, de rassurer. Cette annonce, il lui faudra peut-être de longs mois pour la digérer, pour élaborer en pensée ce qui va arriver, et pour s'y préparer. Avec votre aide.

L'essentiel

▓ Mieux vaut attendre la première échographie pour annoncer la nouvelle à l'aîné.

▓ Ne traînez pas trop, quand même : s'il s'en rend compte par lui-même ou s'il l'apprend par d'autres, il aura l'impression que vous lui avez caché quelque chose et se sentira d'emblée exclu.

▓ Ne mettez pas trop en scène cette annonce. Plus elle sera simple, joyeuse, légère et intime, mieux ce sera.

▓ «Tu vas avoir un petit frère ou une petite sœur» reste la formule la plus efficace, la moins sujette à des malentendus.

On attend un nouveau bébé

Prenez des repères que l'enfant comprend (saisons, anniversaires) pour le préparer à une longue attente.

S'il ne réagit pas, ou pas très bien, ne vous inquiétez pas. Le temps de la grossesse sera celui de l'adaptation, de l'ajustement et de la préparation à cet événement.

Chapitre 3
« C'est toi le grand, maintenant ! »

C'est au cours de la grossesse que votre premier-né va progressivement changer de statut et devenir « l'aîné ». Vous pouvez l'y aider, sans pour autant l'enfermer dans un rôle de « grand » pas toujours adapté à cette période déstabilisante.

▨ Votre grand est encore petit

⇨ Quand l'aîné est encore un bébé

Jusqu'à 3 ans – souvent même au-delà – l'aîné est encore bien jeune pour être adoubé au rang de « grand ». Il a besoin d'être porté, câliné, de capter régulièrement l'attention exclusive de l'un ou l'autre de ses parents – surtout celle de sa maman. S'il est encore très petit et que vous l'allaitez, il est sans doute temps d'entamer en douceur son sevrage. Mais vous ne pouvez pas, sous prétexte qu'un autre bébé sera là dans quelques mois, demander à votre aîné de mûrir d'un coup, de devenir miraculeusement propre, de se mettre à ranger sa chambre. Vous le pouvez d'autant moins que l'enfant va souvent marquer un palier dans son évolution, précisément parce que la grossesse le bouscule. Sa chambre restera un chantier – vous n'aurez plus le courage de vous y pencher –, et il ne vous laissera pas spontanément faire de longues pauses dans le canapé. En réalité, il signe ainsi qu'il n'a pas envie de changement, il a besoin de s'assurer qu'il est encore «votre» enfant. Parfois, même, il a besoin de s'assurer qu'il est encore votre «bébé» : c'est souvent le cas pour le deuxième quand on en attend un troisième. Perdre son statut de cadet sans pour autant devenir l'aîné, voilà qui incite à se cramponner.

⇨ **Quand il redevient bébé**

Les petites régressions du grand frère n'apparaissent pas seulement à la naissance du bébé, mais très souvent dès que le ventre est rond. Il faisait ses nuits depuis belle lurette, et le voilà qui vous réveille à nouveau aux aurores. Il ne portait plus de couches pendant la sieste, et se réveille penaud dans des draps trempés. Il

[note manuscrite en marge : « il ne faut pas tout mettre sur l'arrivée du bébé »]

réclame de nouveau un biberon le soir, fait des caprices, des colères, se cramponne à vos jambes pour être porté... Rien que de très classique ! Ce sont généralement des réactions passagères, et le seul moyen de ne pas les accentuer est de n'y prêter qu'une attention relative. Elles sont parfois sans lien avec l'arrivée du bébé : cela peut être l'entrée à la maternelle, un film qui lui a fait peur, un moment de fatigue (automne, début d'année) ou des dissensions dans votre couple. Rien de pire que d'établir, devant lui et de façon répétitive, le lien de cause à effet avec la grossesse. Les enfants, même petits, écoutent ce que leur mère raconte à la voisine : « Ça doit être l'arrivée de sa petite sœur, il n'a jamais été aussi infernal... » Vous avez le droit d'être excédés, mais il faut prendre sur vous pour répondre à cette demande formulée si maladroitement : il a besoin de temps avec vous.

⇨ S'appuyer sur des livres

Si votre aîné commence à poser des questions, les livres pour enfants tels que *Lapinou va avoir une petite sœur* sont un excellent outil pour le rassurer (*voir* Bibliographie, p. 127). À double titre. D'abord parce que c'est un moment d'intimité que vous lui consacrez exclusivement – tous les enfants adorent les histoires avant de s'endormir – mais, surtout, parce qu'à travers les mésaventures d'un petit lapin, il va pouvoir vous ouvrir son cœur. Qu'importe si l'aîné est une fille qui va avoir un petit frère, les héros des livres sont rarement sexués (et ne mettent pas en scène des humains, le plus souvent), et l'identification fonctionne. Ce qui permet d'évoquer, sans trop les cristalliser, les inquiétudes, les rancœurs, les questions que l'enfant se pose. Et, surtout, elle vous permet d'y répondre, sans cri ni agacement, dans un contexte de calme et de complicité. L'idéal, c'est d'en acheter deux ou trois et de laisser l'enfant choisir celui qu'il va avoir envie de vous entendre lui lire et lui relire. Le but n'est pas de lui marteler une bonne parole, mais de laisser son imaginaire accepter petit à petit la réalité. Évitez, de préférence, les ouvrages qui, sous prétexte d'aborder et de régler les petits soucis de la vie, mettent trop en avant la supposée «jalousie» que l'aîné va éprouver pour le second. Plus ce mot sera prononcé, plus les parents se conforteront dans l'idée qu'ils sont en train de faire une vacherie à leur aîné, et plus ils vont induire ce sentiment négatif. Concrètement, ce n'est peut-être pas le moment de lui lire *Lapinou est jaloux*, mais ce peut être celui de lui offrir un poupon qu'il pourra câliner ou «torturer», pour extérioriser ses sentiments ambivalents envers ce bébé à naître.

Il accuse le coup, on culpabilise

⇨ Parler et rassurer

L'enfant voit le corps de sa mère se transformer. Ce ventre contre lequel il se lovait, il n'y a pas si longtemps, est devenu dur, lourd, imposant. Elle y met souvent ses mains, comme pour se protéger, et a souvent le réflexe de s'écarter quand son aîné se rue sur elle. Tout cela est assez troublant pour lui. Et puis, il y a des enfants qui ont peur que le ventre finisse par éclater ! Si, de surcroît, la maman a des nausées, passe de longues heures à dormir et semble subir sa grossesse plutôt que de la savourer, l'aîné sera inquiet pour elle en plus de l'être pour lui-même. Il n'est pas inutile, donc, d'expliquer à son aîné que « ça ne fait pas mal », qu'« on est fatiguée mais que ça ira mieux bientôt ». Il faut faire attention, aussi, à la façon dont on lui parle. Dire à l'enfant : « Mon chéri, je vais m'allonger une heure, j'ai besoin d'être seule », est bien différent d'un « Fiche-moi la paix ! ». Si on réagit mal une fois, ce n'est pas grave, les hormones et la fatigue sont mauvaises conseillères. Il arrivera fréquemment au cours de la grossesse d'être à fleur de peau, mais il faut faire attention à ne pas manifester chroniquement son envie d'écarter l'enfant par des gestes de rejet et des interjections excédées.

⇥ **Repérer les SOS**

Les enfants à qui on demande de grandir trop vite, comme ceux à qui on ne consacre plus assez d'attention, peuvent finir par déprimer véritablement pendant ces quelques mois de grossesse. Ce sont rarement ceux qui vont manifester leur désarroi par des sollicitations et des régressions, mais plutôt ceux qui vont se mettre en retrait. Souvent, ils n'auront pas été autorisés à exprimer leurs sentiments négatifs ; ils ont l'impression qu'on les délaisse parce qu'ils n'ont pas été aimables, ne se comportent plus comme des enfants... Et personne ne leur a rappelé qu'ils n'étaient encore que des enfants. Ce peut être le cas dans une famille monoparentale, ou dans une famille où le couple est au bord de l'implosion et où la maman s'appuie sur l'aîné comme sur une bouée. Toutes les situations lourdes peuvent peser sur le grand. En principe, huit mois, c'est court pour que s'installe une véritable dépression, mais cela arrive. Et, la plupart du temps, ce sont les autres qui s'en aperçoivent. Si la nounou, les grands-parents ou l'institutrice ont remarqué un net changement de comportement chez votre aîné et vous en font part, il est préférable de consulter un médecin. Parfois, une ou deux séances de thérapie familiale font des miracles. L'enfant va exprimer, par des mots ou des dessins, cette grosse boule qu'il a en travers de la gorge. Et il vaut mieux qu'il expulse son malaise avant l'arrivée du bébé.

⇨ Ne pas tout laisser passer

Le pipi au lit involontaire ne mérite pas qu'on s'y attarde. En revanche, il y a des réactions de l'aîné envers lesquelles il faut être ferme. Ainsi, les coups de poing ou de pied dans le ventre de la maman ne sont tout simplement pas acceptables. Même quand le coup intervient au cours d'un joyeux chahut sur le lit. Cela peut arriver, la maladresse de l'enfant se doublant d'un peu d'agressivité inconsciente... mais il faut mettre des limites, et le faire fermement. Tout n'est pas permis sous prétexte que l'enfant est perturbé et que beaucoup d'affects se promènent et se télescopent dans la maisonnée. L'enfant doit intégrer que la grossesse, cette période de transition particulière, ne modifie en rien les principes d'éducation que ses parents ont mis en œuvre envers lui. S'il convient d'être souple, ce n'est pas rendre service à l'aîné que de le laisser repousser toutes les limites : il ne frappe pas, il ne revient pas dormir dans votre lit, il ne casse pas tout, il va se coucher à l'heure habituelle...

▨ Maman dort, vive le parc avec papa !

⇨ L'occasion de renforcer le trio

À l'arrivée du premier enfant, le couple a fait la place à un trio. Idéalement, après une période fusionnelle entre la mère et le bébé, le papa a pris progressivement toute sa dimension. En langage psy, on dit qu'il vient se positionner en tiers dans la relation. Lui seul permet une prise de distance harmonieuse entre la mère et son enfant, sans que l'enfant se sente abandonné par sa mère, ou la mère coupée de son bébé. La grossesse suivante est donc vraiment l'occasion de poursuivre cette relation triangulaire harmonieuse ou, pourquoi pas, de la trouver si elle a mis du temps à se mettre en place. Le père a tout à y gagner : soulager sa femme qui lui en sera reconnaissante, et essayer d'approfondir ses relations avec son aîné. C'est d'autant plus important s'il s'agit d'un petit garçon de 3-4 ans, en plein complexe d'Œdipe, qui aura tendance à rechercher une place exclusive auprès de sa mère affaiblie... et auquel il ne faut pas donner l'impression qu'il y a une place à prendre.

⇨ La bonne distance

Le papa n'est pas une deuxième maman, il ne « materne pas », il oublie une fois sur deux l'écharpe et privilégie généralement les activités tournées vers l'extérieur, le sport. Une balade au parc, pour laisser la maman se reposer, où père et enfant(s) pourront se défouler est une bonne idée…, qui ne vient pas toujours à l'esprit des papas, surtout si la grossesse ne les met pas vraiment à l'aise. Mais il est encore plus simple et enrichissant de jouer calmement avec l'aîné ou partager ce qu'il aime, en présence ou à proximité de la maman. Le message transmis est d'autant plus rassurant : « J'ai envie d'être avec toi », plutôt que : « On va sortir ensemble pour laisser maman tranquille ». Certaines mamans vivent très mal d'être diminuées par le poids et la fatigue, et souffrent d'être tenues à l'écart de ces moments de complicité père-enfant qu'elles appellent de leurs vœux.

⇨ Quand la maman est alitée

Le col de l'utérus est ouvert, et le verdict tombe, terrible : il ne faut plus bouger. C'est une situation fréquente, surtout dans le dernier trimestre de grossesse, et plutôt pénible pour tout le monde. Pour la mère, d'abord, qui n'a plus le droit de faire quoi que ce soit, et qui culpabilise. Pour le conjoint, qui se retrouve en première ligne pour la remplacer au pied levé dans toutes ses tâches, et pour l'aîné, qui a besoin de sa maman, n'a pas conscience du risque encouru et voudrait jouer avec elle. Pas facile de faire comprendre à un jeune enfant qu'il ne faut pas sauter sur le lit sans s'embarquer dans des explications inquiétantes : «Tu vas mettre en péril la santé de ta mère et du bébé» est une menace assez paralysante... Heureusement, cette étape est souvent courte, et l'on peut se permettre de bricoler un peu. Le papa ne doit pas hésiter, si c'est possible, à se faire seconder. La halte-garderie ou les grands-parents pourront prendre un peu en charge l'aîné. C'est légèrement déstabilisant pour lui, certes, mais pas autant que s'il arrive quelque chose de grave à sa maman. Il ne faut pas, non plus, que le papa cède à la tentation de compenser démesurément l'incapacité de la mère en en faisant trop avec l'enfant, et qu'il prenne bien soin d'échanger avec elle. Là aussi, si l'aînée est une fille de 3-4 ans en plein Œdipe, la cohérence du couple est essentielle pour qu'elle ne se sente pas «remplaçante» de sa mère auprès de son père. D'une manière générale, surtout dans les moments un peu chaotiques, plus l'enfant sentira de complémentarité et de solidarité entre ses parents, plus quelque

chose d'utile et de structurant se mettra en place entre eux trois, et plus le trio sera solide pour accueillir le bébé.

Et si on attend des jumeaux?

⇨ Anxiété des parents

Du point de vue de l'aîné, tout ce qui vaut pour l'arrivée d'un bébé vaut pour l'arrivée de deux bébés. C'est surtout, à vrai dire, pour les parents que la situation est très particulière! Votre éventuelle appréhension, la nécessaire mise en route d'une nouvelle logistique – impliquant souvent un déménagement ou un réaménagement total de l'espace – peuvent vous préoccuper au point que vous n'ayez pas conscience que votre aîné en est ébranlé. Là encore, si la grossesse est compliquée, la maman épuisée, le déménagement inévitable, n'hésitez pas à vous faire un peu aider et à envoyer votre enfant chez ses grands-parents.

⇨ Curiosité de l'aîné

Paradoxalement, un tel chambardement rend parfois les choses plus simples pour l'aîné. Des jumeaux, c'est une source de curiosité, c'est surtout la promesse d'une famille nombreuse. L'enfant ne sera pas en concurrence avec un seul autre redoutable rival, mais avec deux, ce qui, d'une certaine façon, le conforte dans l'idée qu'il restera unique. Et puis, ses parents auront sans doute moins que les autres le temps de se poser des questions, de tout interpréter, amplifier ou induire. Aussi y a-t-il des chances pour que cela ne se passe pas trop mal. D'une manière générale, plus il y a d'enfants dans la fratrie, moins la tentation de perfection est grande pour les parents. Les choses se font plus naturellement, les pro-blèmes se résorbent plus facilement.

L'essentiel

■ Il faut veiller à ne pas trop enfermer votre aîné dans un rôle de «grand» : il a encore besoin d'être materné, sur-tout s'il a moins de 3 ans.

■ Ne vous inquiétez pas s'il régresse un peu : plus vous réagirez avec anxiété à ses caprices et ses pipis au lit, plus vous risquez de les voir durer.

■ Consacrez-lui du temps «exclusif» et servez-vous de livres pour enfants pour échanger, dialoguer, répondre à ses inquiétudes.

▪ Rassurez-le sur votre état : vous n'êtes pas malade.

▪ En cas de changement important du comportement de votre aîné, de mise en retrait et d'inquiétude des autres adultes, demandez un avis au médecin.

▪ Restez fermes sur vos principes, ne laissez pas tout passer sous prétexte que votre aîné est perturbé.

▪ Le papa doit relayer la maman, en bonne intelligence avec elle. Il n'est pas une deuxième mère. En cas d'alitement, il ne doit pas hésiter à se faire aider lui aussi.

▪ Si vous attendez des jumeaux, l'enfant percevra surtout votre angoisse, mais cela peut, paradoxalement, être moins angoissant pour lui que l'arrivée d'un seul « autre » enfant.

Chapitre 4
« Tu es concerné mais, les parents, c'est nous »

Échographies, choix du prénom, câlins à travers le ventre… De quelle manière associer l'aîné à la grossesse, jusqu'où le faire participer ?

▨ L'emmener aux échographies ?

⇨ Pas à la première

La première échographie fœtale est une étape à la fois intense, sur le plan affectif, et fondamentale, sur le plan médical. Elle se déroule assez tôt dans la grossesse, autour de 11 ou 12 semaines d'aménorrhée, soit un mois à un mois et demi après la bouleversante apparition du trait sur le test de grossesse. C'est véritablement à partir de ce moment que vous pourrez vous projeter dans l'avenir : non seulement elle détermine le terme et le nombre d'enfants, mais elle sert aussi à dépister précocement des malformations majeures et des signes d'anomalies chromosomiques. Souvenez-vous de ce que vous avez vécu pour votre aîné : cette première rencontre visuelle avec le bébé suscite un déferlement d'émotions et de questions dont on ressort chamboulés et, le plus souvent, soulagés. Mais il arrive aussi que les sourcils du praticien se froncent, que la séance soit plus douloureuse que prévue : la nuque est trop épaisse, ou bien le cœur ne bat pas... Envisager cette triste possibilité peut vous éviter de faire de votre aîné le témoin dépassé d'un instant si intime et incertain, ou de l'associer malgré lui à des décisions qui ne sont pas de son ressort. Le mieux est de se rendre sans lui à cette première échographie, quitte à ramener à la maison les petits clichés agrafés au compte rendu médical et à les lui présenter joyeusement. L'émotion parentale est un peu «filtrée», et la curiosité de l'enfant satisfaite par ces drôles d'images, même s'il reste souvent perplexe devant ce petit haricot avec des bras et des pieds.

⇨ Bien le préparer
S'il n'est pas souhaitable d'emmener l'enfant à la première échographie, la question peut plus raisonnable-

ment se poser pour les suivantes. Même si la deuxième est encore très médicale (et peut notamment vous confirmer le sexe du fœtus, ce qui n'est pas neutre!), vous pouvez – si les médecins sont d'accord – faire entrer votre aîné à la fin de la séance. Idéalement, la troisième échographie est la plus appropriée. Même s'il vaut mieux que l'enfant soit en âge de comprendre ce qu'il voit sur l'écran et de faire le lien entre cette image saccadée en deux dimensions, assortie de battements cardiaques sourds et accélérés, de diagrammes bizarres, et ce qui se passe réellement dans le ventre. Avant 5-6 ans, ce sera forcément flou, parfois vaguement inquiétant. Tout dépendra de la façon dont il a été préparé. Vous pouvez visualiser au préalable avec lui des émissions du type *L'Odyssée de la vie* et prendre soin de l'avertir qu'on ne verra pas bien le visage du bébé ou qu'il apparaîtra un peu déformé... En tout état de cause, c'est votre bonheur et votre euphorie qu'il retiendra surtout. Il n'est pas encore le grand frère ou la grande sœur de cette image. En revanche, il est plus que jamais un enfant qui a envie de faire plaisir à ses parents, donc de s'extasier avec vous. Encore une fois, rien ne vous oblige à le convier si vous ne le souhaitez pas.

⇒ Échographie spectacle : prudence !

Au grand dam de l'Académie de médecine et des échographes professionnels, un nouveau type d'échographie commerciale se développe à la vitesse de l'éclair. On l'appelle échographie «spectacle» ou «contemplative», parfois même «affective» – marque déposée (*sic*) par Studio9mois ! Le concept est à peu de chose près toujours le même : s'extraire totalement de l'aspect médical pour ne plus être que dans le plaisir et permettre à toute la famille (grands-parents, tantes, amis proches et surtout aînés) de découvrir à leur aise le bébé in utero en trois dimensions et en mouvement... avec DVD à la clé pour se repasser le film à la maison ! Les tarifs sont généralement élevés (et non remboursables), mais le concept est très tentant pour beaucoup de mamans frustrées par la rapidité et la froideur des échographies médicales. Les mères sont allongées dans un salon de projection high-tech, avec lumière tamisée et musique New Age, face à un écran géant sur lequel s'ébat le fœtus. Il n'est pas de notre ressort de trancher dans la polémique concernant la nocivité éventuelle de ces échographies sur le bébé, autorisées après l'examen morphologique du cinquième mois, mais il faut peut-être mettre en garde contre l'impact de ces séances sur l'aîné.

Elles génèrent, en effet, beaucoup de débordements affectifs chez les adultes. Le ou les enfants conviés au spectacle sont souvent un peu pris au piège, forcés dans leurs émotions, embarqués dans un événement irréel à la gloire du petit dernier à naître. «Si le bébé attire tant d'attention alors qu'il n'est pas encore là, qu'est-ce que ce sera plus tard?» se demandent-ils. L'hyperréalisme des images, enfin, est à double tranchant. D'abord, parce que l'aîné a du mal à faire le lien avec la réalité palpable, surtout avant 5 ans. Ensuite, parce qu'un visage de bébé in utero en trois dimensions peut apparaître tout bonnement monstrueux : le nez est écrasé, les traits bouffis, les yeux fermés, la bouche ouverte… Ne vaut-il pas mieux que l'aîné découvre le visage du nourrisson à la maternité?

Lui faire choisir le prénom?

⇨ Une drôle de dette

Beaucoup de parents ont envie d'associer leur aîné au devenir du cadet – surtout si le «grand» est en âge de s'exprimer, de choisir ou de parlementer. À ce titre, il n'est pas rare, aujourd'hui, que le choix du prénom soit dévolu à l'aîné. Mais même si cela part d'une bonne frontière intergénérationnelle

intention (ne pas l'exclure, lui permettre de se sentir impliqué), ce n'est pas forcément un service à rendre à votre premier-né, ni d'ailleurs à son petit frère. Peut-on réellement imaginer que l'entente fraternelle sera meilleure si l'aîné se retrouve à prendre une décision de «parent» pour son cadet? Le petit se sentira-t-il bien dans son prénom, et dans sa relation à l'aîné, avec cette drôle de dette sur les épaules? Il n'est pas neutre de répéter fréquemment à un enfant: «C'est ta sœur qui a choisi ton prénom.» Surtout s'il n'aime pas son prénom. Or un prénom désigné par un enfant de 4 ou 5 ans est généralement très répandu (il y a plein de Mattéo et de Clara dans sa classe, c'est donc la première chose qui lui vient à l'esprit...), ou un peu trop original (Dora – comme l'exploratrice du dessin animé –, ce n'est peut-être pas très facile à porter...).

⇨ **Le consulter, éventuellement**
Vous pouvez, de manière plus raisonnable et amusante, soumettre vos choix à votre aîné. Établir ensemble, même, pourquoi pas, des listes de prénoms que vous ferez rimer avec votre nom de famille et qui seront l'occasion d'un petit jeu joyeux. S'il a de bonnes idées, rien ne vous empêche de les retenir. Mais, en dernière instance, le choix n'appartient qu'à vous, les

parents. Le prénom doit vraiment vous plaire, même s'il vous a été suggéré. Si l'aîné grimace à l'évocation de votre décision, il faudra le laisser grimacer. Le rejet ne dure jamais bien longtemps, et, au pire, de toute façon, il affublera bientôt le bébé d'un petit surnom de sa composition... Mais ce qu'il doit bien comprendre – et ce dont vous devez être convaincus –, c'est qu'associer l'enfant, ce n'est pas lui permettre de décider avec vous. L'arrivée d'un petit frère ou d'une petite sœur n'est pas une décision démocratique familiale, et il ne sert à rien de le faire croire à votre aîné... C'est même passablement angoissant pour lui : il n'a pas envie, au fond, d'être considéré comme l'égal des adultes. Et puis, c'est dangereux pour la cohésion du couple : l'enfant auquel on accorde une « voix » risque de mettre en minorité l'un de ses deux parents en se rangeant à l'avis de l'autre... N'est-il pas déjà assez difficile de se mettre d'accord à deux ?

▨ Et l'haptonomie ?

⇨ Aux parents, l'intimité

De plus en plus de parents se tournent, pendant la grossesse, vers des séances d'haptonomie, une méthode très douce qui consiste à établir des contacts «psycho-tactiles» avec le bébé à naître, à partir du cinquième mois de grossesse. Il ne s'agit pas seulement pour le père de trouver précocement sa place auprès du bébé ou pour la mère de préparer l'accouchement (facilité, dit-on, par le toucher affectif), mais, plus largement, de mettre en place un lien solide et rassurant pour tous les trois. Dans ces conditions, il est très rare que l'aîné soit convié à ces séances intimes de «contact» avec le bébé, qui bouge et réagit dans le ventre sous les pressions, les appels et les caresses de ses parents. Le père et la mère ont d'ailleurs vraiment besoin de ces moments d'intimité. Généralement, les haptonomistes préfèrent montrer à l'aîné comment câliner, bercer et porter le bébé une fois qu'il est né. Il peut arriver qu'ils le rencontrent en séance avant la naissance, mais c'est uniquement lorsqu'un besoin particulier se fait sentir et que le lien est mal entamé, notamment lorsque l'enfant est d'une agressivité excessive et anormale à l'égard du ventre de la maman.

⇒ À lui les «coucou» au bébé

À la maison, quand la maman est détendue et que le fœtus s'étire ou se retourne, provoquant des bosses et l'hilarité de l'aîné, ce dernier peut parfaitement mettre ses mains sur le ventre et s'émerveiller de le voir bouger. Le toucher a ceci de magique qu'il met un peu de réalité et de lien dans cette aventure jusqu'à présent si virtuelle pour l'enfant. Sans forcément pratiquer l'haptonomie, beaucoup de mères caressent leur bébé à travers le ventre. Si ce n'est pas désagréable pour elles, elles peuvent parfaitement laisser l'aîné les imiter, rire et s'émouvoir avec lui. Que l'aîné fantasme un peu, après tout, il en a bien le droit ! Ce qu'il faut éviter, c'est que cela devienne envahissant pour la maman : l'enfant qui se précipite pour tâter le ventre de sa mère, tous les matins, doit être remis à sa place, à la bonne distance. En revanche, s'il ne manifeste pas l'envie de le toucher, il ne faut pas le forcer. Ni l'obliger régulièrement à embrasser le nombril de sa mère pour immortaliser ce joli moment avec l'appareil photo numérique, et transformer le tout en fond d'écran pour l'ordinateur. Pour votre aîné, ce n'est pas encore un bébé, c'est parfois juste un gros ventre.

«Moi je veux une sœur»

➭ Écouter ses fantasmes

L'enfant est très fréquemment revendicatif au début de la grossesse, surtout si on lui laisse penser qu'il a son mot à dire dans l'histoire. Aussi, il est très banal qu'il réclame... une «petite sœur» ou «deux petites sœurs», ou, plus drôle et irréalisable encore, «un grand frère»! Il n'y a aucune raison d'en être chagriné, ni aucune raison de le laisser croire plus longtemps que son vœu pourra être exaucé. Ce n'est pas le Père Noël qui apporte les bébés sur commande! C'est l'occasion d'aborder les premières leçons de vie, même s'il lui faudra un peu de temps pour les assimiler ; de lui expliquer qu'on ne choisit pas le sexe ; de dépasser un peu le vocabulaire «grand» et «petit», en lui précisant qu'il sera toujours l'aîné (même si le cadet, plus tard, fait une tête de plus que lui!).

➭ Ne pas imposer les nôtres

Une fois ces explications fournies, il est rare que les vœux surréalistes persistent. L'aîné admet assez vite, et c'est important, que la nature ne lui demande pas son avis. C'est pourquoi il vaut mieux éviter cette question, pourtant fréquente : «Tu préférerais un petit frère ou une petite sœur?» Là encore, cette interrogation traduit l'ambivalence des parents, qui peuvent avoir besoin de se rassurer par rapport à leur propre désir (de fille ou de garçon) et redoutent, ou anticipent, un désir contraire de l'enfant. Il est inutile de faire peser ce poids-là sur l'aîné : le sexe du futur bébé lui importe souvent moins qu'à nous. Cependant, il peut ressentir que ses parents rêvent d'une fille parce qu'ils ont déjà un garçon (lui), et avoir l'impression qu'il n'aura été qu'un «brouillon». Les parents ne maîtrisent pas tout, mais ils restent les parents. Ils doivent veiller à ne pas embarquer leur aîné dans leurs propres fantasmes et leurs propres déceptions. S'ils ont choisi d'attendre la naissance pour découvrir le sexe du second, alors il faudra valoriser – et alléger à la fois – la surprise. En revanche, s'ils connaissent le sexe du bébé à naître, il ne sert à rien de le cacher à l'aîné.

L'essentiel

■ Associer un enfant à la grossesse et à l'arrivée de son petit frère, ce n'est pas lui permettre de tout décider avec vous, ou lui faire croire qu'il le peut.

On attend un nouveau bébé

■ Évitez de le convier à la première échographie, trop intime et incertaine. Si vous y tenez, il peut assister à la fin des séances suivantes, à condition d'y avoir été préparé et de ne pas être pris dans un flot d'émotions qui ne sont pas les siennes.

■ Consultez-le de façon ludique pour choisir le prénom du futur bébé si vous le souhaitez, mais ne le laissez pas en décider seul. C'est votre choix.

■ Il ne vous sera probablement pas possible d'amener votre aîné aux séances d'haptonomie, mais vous pouvez reproduire à la maison, si tout le monde en a envie, des moments de complicité tactile avec le bébé.

■ S'il réclame «une petite sœur», vous devez lui expliquer qu'on ne choisit pas. Les bébés ne se font pas sur commande, encore moins sur la commande de l'aîné.

Chapitre 5
« C'est ça, le petit frère ? »

accepter le chaos

Le moment tant attendu arrive enfin, toujours surprenant, même si on l'a préparé depuis longtemps. Il faut essayer de préserver l'aîné de l'agitation, tout en lui conservant une place à vos côtés.

▨ Maman fait son sac

⇨ Ne pas cacher que cela va arriver

Ce n'est pas parce qu'un accouchement n'est pas programmé – ce qui est le cas la plupart du temps – qu'on ne peut pas le préparer. De la même façon que vous préparez votre sac, vous devez préparer votre ou vos aînés. Expliquez au moins trois bonnes semaines avant le terme – pas trop tôt non plus, que cela ne devienne pas une rengaine – que maman va s'absenter quelques jours, que ce sera peut-être la nuit, qu'on ne sait pas exactement quand... Cela évitera l'effet de séparation brutale, toujours angoissante. Pour transformer l'attente en moment de complicité active, vous pouvez demander à votre aîné de vous aider à remplir ce fameux sac, même s'il ne s'agit que d'y glisser les chaussettes du nouveau-né ou de tester le brumisateur. Toutes les occasions sont bonnes pour rire et dédramatiser l'approche du jour J : les derniers jours de grossesse sont durs pour tout le monde, essayez de ne pas faire peser votre lassitude, votre impatience ou votre inquiétude sur l'aîné.

⇨ Prévoir un dispositif d'urgence

La place d'un enfant n'est pas à la maternité pendant l'accouchement. Certainement pas, non plus, dans la salle d'attente ou dans la voiture sur le parking. Une deuxième naissance a beau être, souvent, moins laborieuse que la première, elle durera quand même plusieurs heures, durant lesquelles votre aîné va s'inquiéter, s'ennuyer, demander de l'attention et de la surveillance... Vous devrez donc envisager plusieurs scénarios pour le faire garder par un proche, et vous y tenir, même si rien ne se déroule comme prévu. Vous pouvez par exemple compter sur une grand-mère dans la journée, une voisine dans la soirée, une amie qui n'habite pas trop loin... Idéalement, il vaudrait mieux que l'enfant connaisse cette personne, surtout s'il doit se trouver nez à nez avec elle à trois heures du matin, planté par ses parents avec son doudou. Une femme paraît plus rassurante, mais ce peut très bien être un oncle ou un parrain, du moment qu'il y a tendresse et confiance... Vous ne pourrez pas toujours prendre le temps de le déposer dans les meilleures conditions. Mais vous devrez toujours avoir pris soin de l'avertir : «Si le bébé arrive la nuit, on t'emmènera chez Marie.»

⇨ Éloigner l'aîné?

On n'a parfois pas d'autre choix que de le confier aux grands-parents – en plein été, par exemple, ou quand la maman est hospitalisée. Parfois, aussi, les grands-parents habitent loin. Or l'éloignement géographique de l'aîné, si près du terme, est souvent vécu comme un dilemme par les parents. C'est à la fois plus simple sur le plan logistique – cela évite de devoir compter sur la voisine ou de traverser toute la ville pour déposer l'enfant le jour J – et un peu dur de l'écarter, surtout si vous craignez qu'il se sente déjà exclu par l'arrivée du bébé. Mais tout dépend de la façon dont vous vivrez et lui présenterez la situation. Si vous n'avez pas le choix, soyez positifs : n'est-il pas préférable qu'il soit bichonné et un peu épargné par votre impatience ou votre fébrilité ? La seule chose dont vous devrez vraiment vous assurer, c'est qu'il puisse revenir très vite auprès de vous quand l'accouchement aura lieu. On ne tient pas un enfant écarté une semaine du petit frère qui vient de naître, de même qu'on ne lui cache pas qu'il est né.

Le premier face-à-face

⇨ Pas trop tôt

Votre aîné n'a pas besoin d'être le premier à voir le bébé. D'abord, parce que lui-même attache bien peu d'importance à la préséance. Ensuite, parce que les instants qui suivent immédiatement l'accouchement sont faits de sueur, de sang, de lait, d'un chaos intime où les parents sont sonnés et happés par l'événement, et pas toujours capables de se ressaisir pour y associer leur aîné. D'ailleurs, le couple a lui aussi besoin d'un face-à-face exclusif avec son nouvel enfant. Attendre que la maman soit remontée dans sa chambre, le bébé lavé, habillé et la sérénité revenue, ce n'est pas exclure l'aîné, bien au contraire ! C'est lui réserver un moment privilégié. Cela peut donc plutôt avoir lieu au bout de quelques heures, ou le lendemain, surtout si tout ne s'est pas merveilleu-sement bien passé. Si la maman a subi une césarienne et est intubée, si le bébé est en couveuse, vous devez aussi penser à préparer et rassurer votre aîné : « Maman est fatiguée », ou : « Ta sœur reprend des forces. » Faites attention à ne pas parler de violence ou de souffrance, une petite fille, surtout, risquerait d'associer l'accouche-ment à ces mots angoissants.

⇥ Un temps pour lui

Faites en sorte que le premier face-à-face en soit vrai-ment un. S'il y a vingt personnes autour du berceau, votre aîné aura toutes les peines du monde à appré-cier l'instant ; il risque de chercher à attirer l'attention sur lui, d'agacer tout le monde... Il est donc important que la nouvelle petite famille se retrouve et se découvre dans l'intimité. Important, aussi, que la maman s'intéresse dans un premier temps à ce que l'aîné a fait en son absence : « Comment vas-tu ? » doit, idéalement, précéder « Je te présente ton petit frère ». La visite n'a pas besoin d'être longue, pour de multiples raisons : la maman est souvent fatiguée et incapable de s'occuper de tous les enfants à la fois ; d'autres visi-teurs attendent, les infirmières défilent, et puis le bébé n'a souvent rien de passionnant pour l'aîné : il dort, il tête, on en a vite fait le tour. D'ailleurs, surtout pour les petites filles, c'est très frustrant : on n'a même pas le droit de le porter et, en plus, il se met à pleurer.

⇨ **Le bébé? Bof!**

Un nouveau-né n'est pas tout lisse et rose, et votre aîné ne manquera pas de vous le faire remarquer. Le «Oh! comme il est mignon» est assez rare. En réalité, il a une drôle de tête, ce bébé. Ne vous formalisez donc pas des réactions de votre aîné : déception ou relative indifférence. Ces réactions instantanées ne présagent en rien de la future relation. Les enfants se fichent des ressemblances, ils réagissent à l'aspect général. En revanche, si tout le monde s'extasie à coups de «Comme il te ressemble!», cela peut les troubler. Vers 2, 3 ou même 4 ans, ils ne savent pas trop eux-mêmes à quoi ils ressemblent. Ils entendent sans bien comprendre, tout dépend de la mélodie de la voix, de ce qui est dit, au fond. Le «Il ressemble vraiment à sa maman» – sous-entendu «Pas toi» – n'est pas totale-ment neutre. Il faut donc faire un peu attention à ce qu'on dit ; faire attention à lui, tout simplement : ne pas tout de suite accoler l'aîné et le bébé comme si cette relation allait de soi.

▨ « Et moi, alors ? »

⇨ Le retour à la maison

C'est vraiment l'ambiance qui compte. Plus elle sera tumultueuse et volcanique, plus le message sera dur pour l'aîné : plus rien ne sera comme avant. Il faut donc, malgré la fatigue et les nuits écourtées, tenter de lui conserver une place, de lui accorder du temps. Autant le dire tout de suite, ce n'est pas évident et vous ne pourrez pas toujours réagir parfaitement. Plus que jamais, la cohésion et la complémentarité du couple sont essentielles pour s'épauler et se relayer. Parce que, à la vérité, rares sont les aînés durablement adorables et serviables pendant cette période de rodage... Beaucoup tirent sur la corde ou ruent dans les brancards. La nouvelle organisation suppose un peu de désorganisation. Il peut arriver qu'il se couche parfois plus tard que d'habitude ou échappe à son bain, mais ce n'est pas une raison pour modifier du tout au tout ses horaires, ou de le laisser commencer sa nuit dans votre lit. Coucher son enfant à 21 heures n'est pas une punition, même si le bébé est réveillé, lui, à cette heure-là. Plus la vie à la maison sera comme avant, en termes de rythme et d'atmosphère, plus ce sera rassurant pour votre aîné.

⇨ Le test de la disponibilité

On n'est jamais trop disponible, mais on doit connaître ses limites et les admettre. Pour s'assurer qu'il a encore toute sa place à vos côtés, l'enfant va très naturellement tester votre disponibilité, et même probablement exagérer ses besoins. C'est un moment délicat, durant lequel beaucoup de parents ont la tentation d'en faire trop, d'anticiper la frustration, de gratifier l'aîné. Le laisser empoisonner l'atmosphère, lui laisser croire que vous compensez l'exclusion dont il a été victime, c'est prendre le risque d'accentuer ses caprices. Soyez bien sûrs qu'il entend parfaitement ce que vous confiez à sa tante : « Le pauvre, on n'a plus beaucoup le temps de s'occuper de lui… » Vous lui donnez une occasion en or de s'engouffrer dans la brèche. Du moment que vous préservez des moments avec lui (un puzzle pendant la sieste du bébé, une balade avec le landau pendant laquelle vous en profitez pour discuter…), il ne faut pas avoir peur de le recadrer. Ne laissez pas votre aîné devenir infernal, il en serait le premier malheureux.

⇨ Les visites

C'est une autre source de tensions, de fatigue et d'ajustements. Il n'est pas très facile pour l'aîné de voir défiler tous ces gens qui n'en ont que pour le bébé.

N'ont-ils pas l'air de se forcer un peu pour faire la causette à l'aîné? Les petites filles auront souvent tendance à se placer entre les visiteurs et le berceau pour glaner un peu de leurs «Oh!» et de leurs «Ah!». Les petits garçons, eux, vont plutôt essayer de les traîner par la main dans leur chambre, loin du bébé. Mais tous seront, d'une manière ou d'une autre, dépités de ne plus être au centre des attentions. D'ailleurs, les visiteurs ont de plus en plus tendance à anticiper sur ce sentiment d'injustice et à débarquer avec deux cadeaux : un pour le bébé, un pour l'aîné. Là encore, tout est question d'équilibre. Si c'est un petit cadeau pour faire bonne mesure, pourquoi pas. Mais il ne s'agit pas d'offrir des cadeaux somptueux à l'aîné pour se faire pardonner d'être attiré par le bébé, ou de se servir du cadeau comme alibi pour se débarrasser de lui : «Tiens, va monter ta fusée, laisse-nous tranquilles!» Les enfants ont besoin de participer à l'atmosphère «festive» des visites. Associez-les plutôt à la préparation de l'apéritif ou du thé, faites-leur remplir les petites coupelles de gâteaux, faire le service... Ils en seront ravis et valorisés.

▧ « Tu vas partager ta chambre »

⇥ Petit à petit, le bébé fait son nid

Tôt ou tard, le réaménagement spatial de la maison s'impose. S'il est temps de changer la taille du lit de votre aîné, il vaut mieux, dans la mesure du possible, l'avoir fait à la fin de la grossesse plutôt qu'au retour de la maternité, pour ne pas tout lui imposer en même temps et marquer en douceur son évolution vers le statut de « grand frère ». Anticiper un peu est important, surtout si les enfants doivent, désormais, partager la même chambre, ce qui n'a rien d'exceptionnel ni de dramatique. Mais plus les choses se feront progressivement et naturellement, mieux ce sera. D'ailleurs, pour préserver les nuits de l'aîné, et par commodité, les parents sont souvent amenés à prendre le bébé dans leur chambre les premières semaines, et ce n'est pas grave ! Cela peut même avoir une vertu : rendre l'aîné impatient de partager sa chambre avec lui. Le « petit à petit » est la solution la plus simple. Le bébé pourra commencer à dormir dans la chambre de son frère ou de sa sœur pour la sieste, puis l'intégrer définitivement quand son sommeil sera calé. Et si, avant cela, l'aîné se lève la nuit pour vous rejoindre, sous prétexte que le petit a la chance de dormir avec vous, il faut avoir le courage de le prendre par la main et le ramener dans sa chambre. Dans le western nocturne des premiers temps, il peut y avoir quelques loupés, mais il est important que le couple garde une ligne de conduite claire, reste solidaires et bienveillants l'un envers l'autre.

⇨ Partager n'est pas spontané

Il n'y a généralement pas que sa chambre que l'enfant va devoir partager avec le suivant. Mais aussi – surtout s'il a une maman qui ne jette rien – un grand nombre des objets acquis pour lui : vêtements, jouets, landau… Fort heureusement, l'aîné n'attache pas grande importance à sa layette, surtout si elle a déjà transité par un cousin. On n'est absolument pas obligés de lui rappeler lourdement que c'était à lui, ni de lui demander son accord pour la transmettre au cadet. S'il reconnaît son pyjama sur une photo, il sera toujours temps de lui expliquer que vous l'aviez conservé. Et puis pour le gros matériel de puériculture, il ne faut pas craindre d'expliquer que vous n'avez pas les moyens de tout racheter. Pour les jouets et les objets affectifs (hochets, peluches…), c'est un peu différent. Il peut non seulement les reconnaître, mais parfois même y être encore attaché. C'est même un classique du genre : on exhume une girafe en plastique pour le bébé, et le «grand» de 4 ans la redécouvre et s'y cramponne… Ces situations ne sont pas graves. Elles sont l'occasion d'aborder pour la première fois la question du partage et du don. Il ne faut pas forcer l'aîné, ni s'embarquer avec lui dans un après-midi de tri entre ce qu'il veut garder et donner. Laissez-le prendre l'initiative, saluez sa gentillesse et sa générosité, mais n'insistez pas. Il ira de lui-même tendre ses peluches au bébé. Et avec un peu de chance, c'est à son grand frère que le bébé fera son premier sourire extasié.

⇨ Quand l'aîné accapare le bébé

Entre le rejet et les débordements d'affection, l'aîné a parfois du mal à naviguer. Il arrive ainsi fréquemment qu'il accapare le bébé, veuille toujours le porter, l'embrasser, comme une peluche ou un animal familier. Par identification à sa mère, une petite fille aura même plus ou moins consciemment envie d'être la maman *bis*. Il ne faut pas lui en laisser l'illusion. C'est gentil d'aider ses parents, mais cela doit rester de l'aide. D'ailleurs, les capacités de concentration d'un enfant de 3, 4 ou même 6 ans sont limitées. Il est maladroit, et les accidents, hélas, cela arrive. Si votre aîné manifeste une telle envie de «jouer au parent» et si vous ne l'avez pas encore fait, offrez-lui un poupon, même à un garçon.

Vous pourrez ainsi lui montrer en toute sécurité comment on met une couche, comment on berce un bébé, et s'il démantibule le bras du poupon, il pourra jouer au docteur en tout bien tout honneur. Mais il est important qu'il entende : « Ton petit frère n'est pas un jouet », et : « Sa maman, ce n'est pas toi. » Il ne faut pas que votre désir de voir vos deux enfants proches brouille trop les rôles et les distances. De la même façon, si vous allaitez le bébé, ne permettez pas à l'aîné de rester des heures, le nez au-dessus de votre sein. Qu'il soit là par curiosité, de temps en temps, ce n'est pas un problème, mais pas systématiquement.

L'essentiel

■ Préparez votre enfant au départ pour la maternité, trouvez des solutions pour le faire garder et prévenez-le du dispositif que vous avez mis en place.

■ Vous pouvez, si besoin, l'envoyer quelques jours chez ses grands-parents avant l'accouchement, mais ne le tenez pas longtemps éloigné après la naissance du bébé.

On attend un nouveau bébé

■ Le premier face-à-face à la maternité entre l'aîné et le bébé doit être un instant calme, intime et court. Ne vous formalisez pas de ses réactions.

■ Le retour à la maison ne doit pas être l'occasion pour l'enfant de tester à tout bout de champ votre nouvelle disponibilité (et votre culpabilité). Essayez de préserver son rythme, et du temps pour lui, sans excès.

■ Le réaménagement spatial peut se faire petit à petit. Le bébé peut dormir avec vous au début, et faire la sieste dans la chambre de son frère.

■ N'obligez pas votre aîné à partager tous ses objets et ses jouets. Laissez-le prendre petit à petit l'initiative du don et du partage.

■ Ne le laissez pas accaparer le bébé : ce n'est pas un jouet. Les poupons sont parfaits pour absorber ses débordements d'amour et d'agressivité.

Chapitre 6

«Dis, maman, tu le rends le bébé maintenant?»

C'était mignon et marrant au début... Mais ce petit frère prend décidément beaucoup de place! Quelques semaines après le retour à la maison, parfois même quelques jours, l'aîné mesure à quel point rien ne sera plus comme avant. Il réagit.

▨ «Il est pas beau!»

⇨ C'est ça, mon compagnon de jeu?

Pour faire accepter cette nouvelle naissance à l'aîné, beaucoup de parents lui ont joyeusement répété pendant la grossesse : «Tu verras, c'est super d'avoir un frère, vous allez faire les quatre cents coups tous les deux!» Ce sera peut-être – sans doute – le cas dans quelques années, mais certainement pas au retour de la maternité où le bébé est absolument imperméable aux pitreries et sollicitations de son grand frère. De dépit, ce dernier aura donc une réaction d'enfant : «Il est pas beau!», ou, plus drôle et plus terrible : «On le rend, maintenant?», exactement comme il ferait avec un jouet qui ne tient pas ses promesses. Il faut entendre ce qu'il dit, mais ne pas y attacher plus d'importance que lorsque l'enfant lance «T'es plus mon copain» à son cousin. Même si vous interprétez ses paroles comme la manifestation d'un désarroi plus profond, ne le formulez pas. Mieux vaut convenir : «Ton petit frère n'est pas intéressant pour toi, c'est vrai, mais il va changer...» – et expliquer dans un deuxième temps que le bébé va rester – que conclure : «Tu en as déjà marre, hein?»

⇨ Et bing, prends ça!

Le bébé s'est endormi dans son transat dans le salon, vous vaquez à vos occupations et soudain... il hurle. Votre cœur ne fait qu'un bond en surprenant votre aîné occupé à secouer le transat comme un prunier. C'est une scène fréquente, et plutôt déstabilisante. Comment un enfant aussi adorable peut-il être aussi agressif? Se rend-il compte de ce qu'il fait? Heureusement, l'urgence n'autorise pas à trop réfléchir, vous intervenez, et c'est la seule chose à faire. Pas la peine de faire la morale ou de vous lancer dans une conversation à laquelle l'aîné ne comprendra sans doute pas grand-chose : il a obéi à une pulsion, il n'a pas prémédité un meurtre. Il pleurnichera sans doute qu'il ne l'a pas fait exprès, mais il sent bien que c'est sans appel : on ne secoue pas un bébé, on ne tape pas un bébé, on ne fait pas tomber un bébé... Autant vous pouvez le laisser exprimer verbalement ses phases de ras-le-bol, autant il faut être très ferme vis-à-vis des gestes violents, exactement comme vous l'avez été pour les coups dans le ventre pendant la grossesse. Essayez de ne jamais laisser l'aîné et le bébé seuls.

⇥ Grosse déprime

Plus inquiétant est l'enfant qui s'isole petit à petit après l'arrivée du bébé. La vraie détresse ne se mesure pas la semaine du retour à la maison, mais dans les mois qui suivent, si elle s'inscrit dans la durée. Le sommeil et l'appétit sont souvent les premiers touchés. Quelques réveils et pipis nocturnes, ou quelques refus de dîner ne sont pas bien graves, transitoirement, mais tout signe persistant doit finir par attirer votre attention. Il est d'ailleurs fait pour cela : l'aîné vous appelle. Avez-vous été si absorbés que cela par le bébé? Avez-vous suffisamment préservé d'espace et de temps pour cet autre petit que vous avez rebaptisé «grand»? Il est toujours temps de rectifier le tir, d'aller davantage vers lui, de l'aider à s'exprimer par des dessins et de s'interroger sur ce que vous, parents, ressentez : <u>si la maman éprouve un gros *baby blues*, notamment, il ne faut pas s'étonner que l'aîné accuse le coup.</u> C'est donc l'occasion de se parler entre adultes, de se relayer et de faire jouer la complémentarité. Sans changer votre fusil d'épaule : si vous modifiez du tout au tout vos attitudes et vos principes, vous prenez le risque que l'aîné enregistre le bénéfice lié à son l'attitude et s'y enferme.

▨ La jalousie, plus on la craint, plus on la crée

⇨ Trop insister, c'est déclencher

«Il est jaloux», «C'est de la jalousie», «Sois pas jaloux!»... Combien de fois ce mot est-il prononcé en présence de l'aîné, dès les premières semaines de confrontation avec son cadet (quand ce n'est pas avant)? C'est pourtant un terme négatif, porteur d'une cohorte de sentiments associés – exclusion, rejet, violence, douleur – qu'il est bien dommage, a priori, de faire peser sur la relation fraternelle. Pourquoi l'anticipation négative arrive-t-elle aussi vite? Parce qu'on la redoute. Et pourquoi risque-t-elle vraiment de se développer? Parce qu'on l'aura tellement redoutée qu'on l'aura provoquée. Des moments d'envie, de rivalité, il y en aura beaucoup entre vos enfants ; des moments d'émulation et de partage aussi. Pourquoi, dès le début, utiliser sans cesse ce terme «jalousie»? Un enfant, même petit, comprend parfaitement ce qu'il y a derrière ce mot, rien qu'à la manière dont vous le prononcez (une redoutable fatalité). Or chaque fois qu'on souligne négativement une chose on la suscite, puis on la renforce, et finalement, on la légitime.

⇥ Désamorcez!

Il est délicat, c'est vrai, de se moquer des réactions de son aîné. Mais il n'est pas interdit de rire et de prendre les choses avec humour et légèreté! Il y aura toujours des scènes tragicomiques, des bouderies et des réflexions caricaturales. «Ah bon, tu trouves que le bébé a la taille de la poubelle de la salle de bains?» est une réaction plus neutre et plus légère que «Ce n'est pas gentil d'avoir envie que je jette ton petit frère». Il faut entendre ce que l'enfant dit au premier niveau, et savoir, parfois, s'en tenir à cette superficialité. Ce n'est pas faire l'autruche et ignorer ses sentiments ambivalents, c'est s'autoriser à ne pas donner trop d'importance à leur face sombre. Se permettre, aussi, de garder de l'énergie pour savourer les aspects positifs : regardez avec quelle rapidité le second va évoluer, entraîné par son aîné, imaginez tout ce qui va se tisser entre eux dans votre dos… Les parents, dans le regard qu'ils posent sur la fratrie, sont en partie en train de la conditionner.

▓ Et notre propre enfance, dans tout ça ?

⇨ Le passé réactivé

Le regard des parents sur la relation entre leurs enfants, dans l'absolu, n'est pas neutre non plus. Il est forcément influencé par la façon dont ils ont eux-mêmes vécu leurs relations fraternelles, par leur place dans leur fratrie, par le souvenir qu'ils ont de l'attitude de leurs propres parents. Nous avons tous cette expérience – ou celle de ne pas avoir eu de frères et sœurs, ce qui est une expérience forte en soi – et nous en portons les conséquences, plus ou moins consciemment. Aventure valorisante, fragilisante, heureuse, douloureuse ? On peut imaginer, si on a mis au monde un deuxième ou un troisième enfant, qu'on est bien décidé à être positif. Il n'empêche que cela réactive notre propre histoire, selon notre rang et notre sexe, et que l'on n'aura de cesse de s'y référer et de s'identifier davantage à l'un qu'à l'autre, de compenser, de prolonger. Rien que de très normal à condition d'en avoir conscience.

⇨ Reproduire, ou réparer

Idéalement, il faudrait que chaque parent puisse repérer assez vite s'il est dans la reproduction ou la réparation de sa propre enfance. Une fille qui a été très chouchoutée par sa mère peut se sentir portée par un élan très fort envers sa cadette, qu'elle n'aura pas à ce point ressenti envers son fils... Un aîné qui a été un peu mis à l'écart dans l'enfance aura davantage envie de protéger son aîné... Même quand on a eu une enfance très heureuse, il arrive qu'on grandisse avec la culpabilité d'avoir été le préféré. Du coup, les parents sont plus fréquemment dans la réparation que dans la reproduction des schémas lorsqu'un deuxième enfant paraît. Hélas, aussi, quand on reproduit, ce n'est pas toujours un exemple positif : dévalorisation des filles ou des cadets, excessive responsabilisation de l'aîné... Il existe autant de cas de figure que d'histoires, l'important étant de se situer par rapport à la sienne. À défaut de s'en soustraire, on peut faire en sorte de trouver des complémentarités avec son conjoint, qui a eu une histoire différente de la nôtre.

⇨ Se raconter à l'autre

Si vous ne l'avez pas fait pendant la grossesse, il n'est jamais trop tard pour discuter avec votre conjoint de votre propre histoire familiale, d'échanger sur la façon dont vous avez vécu votre rang dans la fratrie, ou votre enfance unique. Plus vos situations personnelles seront différentes, plus vous éviterez les excès de reproduction ou de réparation, moins vous accentuerez un schéma, une inquiétude ou une attirance dont vos enfants pourraient pâtir. Le parent qui n'a eu ni frère ni sœur, en particulier, s'appuiera sur l'expérience de l'autre parent pour trouver un équilibre entre les deux sentiments ambivalents qui l'animent : avoir fait à la fois un cadeau merveilleux et une belle vacherie à son aîné. Quant aux parents pour qui cette nouvelle naissance réactive quelque chose de très douloureux et de très enfoui, c'est peut-être le moment de consulter un psy... ou de renouer avec leurs frères et sœurs. L'équilibre familial, les interactions entre parents et enfants s'organiseront forcément un peu à partir de l'histoire originale de chacun. Autant qu'elle soit éclaircie.

Ressortir les albums photos

⇨ Un support idéal

Feuilleter l'album de famille est un moment d'échanges complices très fort, que les enfants adorent : les photos un peu jaunies des années 1970 ou 1980, où Papy a de la barbe et Mamie est rousse... Mais surtout, vous y gambadez, soufflez des bougies, faites vos premiers tours de vélo : «Sur cette photo, tu vois, je suis avec ma petite sœur qui vient de naître.» L'enfant prend conscience qu'il y a une histoire familiale, qu'il enregistre petit à petit. Non seulement il comprend un peu mieux les concepts vagues d'«aîné» ou de «cadet», mais cela l'aide à se situer : «Moi je suis comme Tonton.» Cela lui permet, aussi, de relativiser son propre ressenti devant la photo du Tonton très jeune posant fièrement à côté d'un bébé. Il est rassurant de vous entendre lui expliquer : «Tonton aussi, tu vois, il ne me trouvait pas très beau, au début, mais maintenant on s'entend très bien.»

⇨ Évoquer sa naissance

Remonter le temps vous fera immanquablement transiter par un épisode fondamental pour votre aîné : sa naissance. Il n'a, bien sûr, aucun souvenir de sa prime enfance et risque de ne pas se reconnaître – ni de se trouver très beau sur les photos de la maternité ! Mais il va, tout à coup, réaliser qu'il n'est pas né à l'âge qu'il a aujourd'hui. Il a, lui aussi, été cette petite chose fragile qui tète et dort, objet de toute votre attention... C'est dans l'ordre des choses ! Vous pouvez vous laisser aller à quelques confidences, souligner qu'effectivement, pour lui, c'était la même chose, et pourtant différent (vous étiez plus jeune, c'était votre premier enfant...). Ce n'est peut-être pas le moment de lui expliquer que votre couple a tangué ou que son arrivée ne s'est pas bien passée, mais il est important d'évoquer la dynamique qui a débouché sur sa naissance : la rencontre du couple, l'envie de fonder une famille, et la suite logique que constitue la naissance de son petit frère...

⇨ Chacun à sa place

C'est peut-être le moment, aussi, d'évoquer le côté irrémédiable de son rang de naissance. On naît aîné, on reste aîné. Oui, mais c'est quoi être l'aîné par rapport au second? Ce n'est pas neutre et ne l'a jamais été. Autrefois, le cahier des charges était complet, préétabli, accablant par certains aspects avec des droits et des responsabilités qui n'incombaient pas au reste de la fratrie. Le message aujourd'hui est plus complexe, précisément parce qu'il est moins officiel et beaucoup plus personnel. L'aîné peut être l'enfant qui a fondé le couple, celui qui aura le plus essuyé les plâtres, celui à qui on confiera les clefs. On peut essayer d'expliquer le sens que l'on met dans ce mot, mais il faut essayer de ne pas en faire une fonction trop lourde. La tentation est grande, par exemple, d'assigner à l'aîné une tâche de protection envers son petit frère. Mais il est encore incapable de l'assumer, et puis cela laisserait entendre que vous ne pouvez pas le protéger vous-mêmes, ou bien qu'un jour, vous ne serez plus là... Or ce dont votre aîné a le plus besoin en ce moment, c'est d'être renforcé dans un sentiment de sécurité, d'entendre : «Certaines choses changent, mais rien ne change fondamentalement.» L'album de photos, le défilé des visages des grands-parents, oncles, tantes, parrains, marraines ont ce pouvoir éminemment rassurant. Ils représentent la permanence.

L'essentiel

■ Il est normal que votre aîné ait parfois le fantasme de faire marche arrière, de se débarrasser de cet intrus qui était censé jouer avec lui, alors qu'il se révèle pour l'instant «pas beau» et encombrant.

■ Écoutez mais ne renforcez pas les remarques désagréables ou agressives de l'aîné à l'égard du bébé. Ne le laissez jamais manifester physiquement son agressivité envers lui. Ne les laissez pas seuls ensemble.

■ Si l'aîné s'isole, est triste, dort de plus en plus mal et mange de moins en moins, il faut vous inquiéter : vous occupez-vous suffisamment de lui? N'êtes-vous pas, vous-même, au bord du *baby blues*?

■ Ne voyez pas de la jalousie partout, n'utilisez pas ce mot devant lui. Il existe nombre de synonymes moins négatifs.

■ Prenez ses colères et ses bouderies avec philosophie et humour.

Interrogez-vous sur votre expérience de la fratrie, votre crainte de la jalousie, votre peur de reproduire ou votre envie de réparer certaines choses de votre passé. Parlez-en ensemble, dans le couple.

Feuilletez avec votre aîné les albums de famille, une occasion complice de lui expliquer l'histoire familiale, la vôtre, la sienne, de l'aider à comprendre sa place... Sans lui assigner un rôle.

Chapitre 7
« Tu vas avoir un demi-frère »

Plus de 750 000 familles, en France, recréent un foyer après une séparation. Or l'acte fondateur de ce nouveau départ, c'est de plus en plus souvent la naissance d'un enfant commun... Comment y préparer les « grands » nés d'une précédente union ?

▓ Une bonne nouvelle, un peu triste

➔ La réunification impossible

Lorsqu'un bébé s'annonce chez maman et son nouveau compagnon, ou chez papa et sa nouvelle compagne, il faut bien s'y résoudre : la « nouvelle » union est scellée pour de bon. Or – surtout si la séparation de ses parents est fraîche et l'enfant petit – il n'est pas rare que l'enfant entretienne secrètement l'espoir de les voir se retrouver. La grossesse épanouie et incontournable de sa mère, ou de sa belle-mère, marque un coup d'arrêt brutal à ce fantasme de réunification, et sa réaction peut être vive, même quand il semblait avoir plutôt bien accepté la séparation, jusque-là. Il faut une certaine maturité pour se dire «Ce n'est pas la faute du bébé». Ni celle de l'adulte étranger par lequel tout est arrivé... Et surtout – même quand on est en âge de relativiser – il n'est pas facile de ressentir le pincement au cœur de son autre parent (qui refait rarement sa vie simultanément). Alors oui, c'est une épreuve pour l'enfant. Une fratrie déjà constituée peut se sentir plus forte pour entamer cette nouvelle ère, mais cela n'empêchera pas chacun de réagir à sa manière. D'autant que ce moment délicat peut amplifier toutes les inquiétudes d'un aîné, auxquelles s'ajoute un tourment bien spécifique : puisque le passé est mort et que j'appartiens au passé, que va-t-il advenir de moi ?

Espoir et soulagement

Paradoxalement, cette grossesse peut avoir un effet apaisant : on tourne enfin la page d'une histoire qui a pu être lourde. Les enfants identifient très vite lequel de leurs parents a le plus souffert de la séparation : si c'est ce parent-là qui attend un autre enfant, ils seront sensibles à ce signal revitalisant, à cette nouvelle perspective familiale qui les libère un peu de leur obligation de «loyauté». Si de l'eau a coulé sous les ponts, si tout se passe relativement bien entre les ex-conjoints, les enfants seront même probablement assez heureux d'attendre et d'accueillir ce bébé, avec les hauts et les bas habituels, mais peut-être un peu plus de légèreté et de maturité. Et puis, cela fait souvent basculer la fratrie dans la «famille nombreuse», avec ce que cela contient potentiellement d'aventure et de force (les enfants seront parfois plus nombreux que les parents sous un même toit)...

La tentation de l'idéalisation

Autant les familles recomposées ont essuyé les plâtres il y a une dizaine d'années, autant elles ont tendance aujourd'hui à se revendiquer comme la famille du XXIe siècle. Avec parfois un peu d'excès de zèle! Par culpabilité d'avoir fait subir une séparation aux enfants, par volonté de ne pas rester sur un échec et de se projeter positivement, le couple recomposé cède facilement à la douce illusion qu'il va créer, cette fois, une famille idéale. Une sorte de «deuxième chance» où l'amour triomphera, où tout le monde s'entendra, sans distinction d'âge ni de lien de sang.

Il n'est pas interdit d'être optimiste et d'envoyer des messages positifs aux enfants, bien au contraire, mais souvenez-vous : un enfant à qui on ne laisse pas exprimer ses sentiments négatifs vous les enverra au visage, tôt ou tard, en version amplifiée. Avec l'arrivé de ce bébé, chacun aura forcément des difficultés – même passagères – pour trouver sa place, avec à la clé des modifications d'habitudes et des ajustements de territoires... Mieux vaut essayer d'en discuter en amont avec les enfants, de les rassurer et de les écouter, plutôt que de leur nier le droit de se sentir bousculés.

■ Le bébé de maman plus proche que celui de papa?

⇨ Si vous êtes la maman

Il y a de fortes chances pour que votre aîné (souvent vos aînés d'ailleurs) vive avec vous. L'enfant va donc voir votre ventre s'arrondir au jour le jour, s'y résoudre, bon an, mal an, comme n'importe quel aîné, avec un mélange de curiosité et d'appréhension. Il sera d'autant plus concerné que ce bébé va vivre sous son toit, bousculer – mais aussi égayer – le quotidien... Son arrivée est donc émotionnellement intense, particulièrement pour un enfant de moins de 6 ans. Mais cette émotion peut faciliter l'accueil, surtout si vous avez plusieurs enfants : ils ont déjà l'habitude de partager leur mère, ils ne feront pas forcément une différence énorme avec ce nouveau bébé, sauf lui reprocher classiquement de trop vous accaparer. Vous avez la possibilité de vous reposer ponctuellement quand les enfants sont chez leur père, ne vous en privez pas. Mais veillez à leur préserver du temps quand ils sont auprès de vous, quel que soit leur âge.

⇨ Si vous êtes le papa

Si – comme vous l'imposent encore fréquemment les juges et les statistiques – vous êtes un papa du week-end et des vacances, votre aîné sera témoin à distance et par intermittence de cette grossesse. Pour autant, il ne faut pas chercher à la lui cacher le plus longtemps possible ou à le tenir éloigné de l'événement. Beaucoup de pères ont – par souci de ne blesser personne – la tentation très masculine du clivage : deux familles, deux vies, on se débrouille de part et d'autre... Et tout le monde en souffre. Du fait de ce clivage, ce n'est pas non plus à l'enfant d'être l'intermédiaire et le messager. Ce n'est pas à lui d'annoncer à votre ex-conjointe que vous allez avoir un bébé, de tâtonner avec les mots, d'avoir le sentiment de commettre une trahison. Pas à lui d'essuyer une éventuelle réaction de dépit ou d'agressivité. C'est à vous, adulte, de le faire. Et vous devrez aussi veiller à ce que votre ex-compagne n'annonce pas la nouvelle à l'enfant à votre place.

⇨ Si vous êtes la belle-mère

C'est une position toujours un peu complexe, et pas seulement parce que vous héritez du statut si ingrat de marâtre! Surtout si c'est votre première grossesse, vous aurez peut-être du mal à supporter le ou les aînés, qui mobilisent toute l'énergie de votre compagnon le week-end, quand vous aspirez au repos. Vous serez peut-être agacée par son relatif détachement concernant votre état. Il va être père pour la deuxième ou troisième fois, il ne peut pas réagir comme si c'était sa première paternité. Quant à vous, on ne peut pas vous demander d'apporter autant d'attention à sa progéniture qu'à votre bébé. L'enfant de votre compagnon n'a d'ailleurs pas besoin de votre amour : il a besoin de respect et de prise en compte, éventuellement d'un peu de tendresse. Ce n'est pas insurmontable, même dans cette période qui n'est facile pour personne, surtout pas pour lui. S'il est vraiment trop infernal, vous devrez demander à son père de le recadrer, mais pas de l'exclure. On ne peut pas faire table rase du passé, même pour construire un avenir meilleur. La seule façon de ne pas trop en faire pâtir l'enfant du premier lit est de se comporter en adulte, de prendre sur soi, de vider son cœur auprès de l'autre, de chercher avec lui compromis et solutions. Pour le coup, il faut essayer de se projeter positivement et penser à votre bébé : leur lien de sang est d'ores et déjà irréversible, mais votre attitude jouera sans doute dans la qualité du lien qui l'unira à cet enfant.

⇨ Si vous êtes le beau-père

C'est, finalement, souvent le cas de figure le plus confortable. La fatigue et l'indisponibilité passagères de votre compagne peuvent être l'occasion de faire « votre trou » auprès de son ou ses enfants, et même de faire naître une certaine complicité entre vous. Ce bébé légitime souvent à leurs yeux votre présence auprès de leur mère, surtout si vous subvenez à leurs besoins. Il faut simplement prendre soin de rester à la bonne distance. Autant l'exclusion des aînés vous exposera tôt ou tard à de sévères complications, autant chercher à les séduire n'est pas non plus la bonne solution. Les enfants ont besoin de limites, d'un cadre sécurisant où chacun est à sa place : adultes et enfants. Le beau-parent n'est pas le parent, mais il conserve les prérogatives de l'adulte, et doit s'imposer comme tel.

▓ La famille se continue autrement

⇨ Inventer de nouveaux mots

«Enfant d'un deuxième lit», «demi-frère», «enfant fixe» (en opposition à l'«enfant itinérant», qui fait son baluchon le week-end), l'administration et les sociologues n'ont pas encore trouvé de termes réjouissants pour définir ce bébé dont vous annoncez la venue à l'aîné. L'«aîné» est d'ailleurs un mot qui peut également convenir au bébé, s'il est le premier-né du couple recomposé! Cette drôle de salade sémantique en dit long sur la complexité des statuts qui se mettent en place à la faveur d'une recomposition familiale. Et elle est assez perturbante pour l'enfant. «Demi-frère», c'est moins qu'un frère, non? Certains enfants, qui vivent ensemble sans avoir de parent commun, se baptisent «faux frère» ou «fausse sœur», et s'accommodent parfaitement de ce vocabulaire. Mais la plupart préfèrent s'en tenir à «frère» ou «sœur» et ce n'est pas plus mal. Il est très rassurant pour eux d'être confortés dans l'idée qu'ils ne vivent pas une deuxième vie, mais bien la même vie, dans d'autres conditions. Plus vous parviendrez, par vos mots, votre ton et votre persuasion, à maintenir ce fil, mieux le bébé sera accueilli. La famille recomposée n'est pas une «nouvelle famille», mais la «famille qui se continue autrement».

⇨ Les maladresses à éviter

La première, c'est de ne pas avoir préparé le terrain. Un enfant qui n'a pas admis ni compris la séparation de ses parents va tomber de haut en apprenant brutalement qu'un bébé est en route. Idéalement, il faut qu'il se sente à la fois l'allié de l'un et l'autre de ses parents séparés – pas dans une impossible neutralité, mais pas non plus dans la confrontation. Il faut également que l'arrivée d'une nouvelle figure ait été douce, progressive... et honnête : les parents ont parfois du mal à avouer à leurs enfants les sentiments qu'ils éprouvent pour leur nouveau compagnon et laissent la relation dans le flou... Il faut veiller, enfin, à ne pas changer brutalement d'attitude, ni surtout de rythme de garde, même pour cause de grossesse difficile : passer d'un week-end sur deux à un week-end sur trois chez papa sera toujours vécu comme un prélude à l'éloignement. Après, bien évidemment, chaque situation est parti-

culière : enfants de part et d'autre que ce bébé commun va réunir, fratrie consolidée qui se ligue contre le
nouveau venu... Il faut simplement essayer de prendre
le temps d'aider les enfants à s'adapter, leur préserver
une place, un statut et un espace (même si vous avez
besoin d'une chambre pour le bébé), et laisser se créer
la relation entre eux. Cela ne va pas toujours de soi : il
faut patienter et compter sur la créativité des enfants.
Mais c'est aux adultes de redoubler d'efforts et de
bienveillance pour créer du lien. Cette recomposition
est leur choix, ils doivent y mettre du leur.

⇨ Quand l'écart d'âge est important

Il est fréquent, dans le contexte d'une recomposition
familiale, que les enfants du «premier lit» ne soient plus
tout à fait des enfants, mais des préadolescents ou des
adolescents. Plus simple? A priori seulement : l'annonce
de ce bébé se télescope parfois avec tant d'autres
chamboulements... La grossesse et ce qu'elle représente peut cristalliser des rancunes mal digérées, les
chagriner comme de jeunes enfants, mais les faire
réagir avec des armes d'adulte : «T'as pas honte? T'es
trop vieille pour faire un bébé!» ou : «T'es incapable
d'être un bon père, pourquoi tu t'acharnes?» Les
parents, débordés et excédés, auront peut-être la ten-

tation de laisser l'ado s'exclure pour se concentrer sur cet enfant à venir, qui ne sera pas avant longtemps aussi acerbe et violent. Cela peut passagèrement être une attitude, mais pas durablement. Vous ne pouvez pas obliger votre ado à adhérer à vos projets, mais il faut lui affirmer que c'est votre choix, votre volonté. Heureusement, l'arrivée du bébé est souvent apaisante. Les adolescents ont la maturité nécessaire pour faire la distinction entre leur ressenti et ce bébé, et se retrouvent souvent – un peu malgré eux – tout attendris.

L'essentiel

■ En apprenant qu'ils vont avoir un demi-frère, beaucoup d'enfants sont face à cette confirmation douloureuse : leur père et leur mère sont bel et bien définitivement séparés. Ce peut être l'occasion de clarifier, et aussi d'alléger la situation.

■ Laissez votre ou vos aînés réagir, y compris négativement. Ce n'est pas parce que vous voulez réussir à tout prix cette famille recomposée qu'il n'y aura pas de hauts et de bas. Ils y ont droit.

On attend un nouveau bébé

█ C'est un moment de nécessaires dialogues et d'ajustements entre adultes, surtout quand c'est le père qui attend un nouvel enfant. La tentation est grande de faire table rase du passé et d'exclure un peu les aînés.

█ Ne laissez pas votre aîné faire le messager et annoncer à l'autre parent que vous attendez un bébé. Prenez également soin de l'annoncer vous-même à l'enfant.

█ Le beau-parent doit rester à la bonne distance de l'aîné : ni dans la séduction, ni dans la rivalité, ni dans l'exclusion.

█ Laissez du temps à l'enfant et comptez sur sa créativité pour tisser un lien avec ce «demi-frère» que vous n'êtes pas obligé de présenter comme tel.

█ Le principal message à faire passer à l'enfant, ce n'est pas celui d'un nouveau départ dont il pourrait être exclu, mais d'une continuité où il conserve sa place : la famille se poursuit autrement.

Chapitre 8
«On va adopter un petit frère»

Le temps de la grossesse est parfois remplacé par une quête longue et complexe, un voyage et beaucoup de questions. Adopter un enfant, quand on en a déjà un, amène à expliquer à l'aîné ce qu'est l'adoption.

Quand l'aîné aussi a été adopté

⇨ Tout dépend de son âge

Ce qui est compliqué à expliquer à un enfant adopté n'est pas tant le processus d'adoption – rassurant et plein d'amour – que son douloureux préalable : l'abandon. Et comprendre qu'on a été abandonné, c'est risquer de craindre de l'être à nouveau... Surtout quand un autre enfant s'annonce! Les choses sont donc plus ou moins simples en fonction de l'âge de l'aîné, et de l'âge auquel il a été adopté. Un enfant adopté après l'âge de 2 ans n'a pas besoin de prendre conscience de sa situation, il se souvient de l'orphelinat ou de la famille d'accueil, il sait. Alors qu'un aîné adopté avant un an ne prend conscience de son adoption que vers 3 ou 4 ans, en fonction de ce que lui en disent ses parents. L'important, dans ce cas, est de ne pas brûler la première étape, celle de l'accueil. L'explication doit intervenir dans un deuxième temps, une fois l'enfant greffé dans son nouvel arbre généalogique. Autrement dit, on ne peut pas accueillir correctement un deuxième enfant adopté sans avoir achevé l'accueil du premier... En général, le processus d'adoption internationale est assez long et, s'il est éprouvant pour les adoptants, il permet de ne pas mélanger ces deux temps. Cela respecté, le temps de l'accueil du deuxième enfant peut être le temps de l'explication pour l'aîné. Il sera immanquablement le temps des questions et des précisions pour ceux qui ont déjà conscience des particularités de l'adoption. Mais tous auront besoin d'être rassurés.

⇨ Une préparation bien en amont
Ce n'est pas un hasard s'il est quasiment interdit d'adopter un enfant plus âgé que celui qu'on a déjà :

il est essentiel que chacun des enfants ait le temps d'être accueilli à la place qui est la sienne, dans un ordre «normal». C'est pour cette raison fondamentale qu'il est aussi fortement conseillé d'adopter les enfants l'un après l'autre, sauf en cas de fratrie déjà constituée, et encore! Qu'importe si les deux enfants ont très peu de différence d'âge – c'est même très fréquent – du moment qu'il y a un «premier arrivé» et un «enfant suivant». Comme pour une fratrie ordinaire, l'aîné a besoin d'être préparé et associé – avec mesure – à l'arrivée de son petit frère. Mais s'il vaut mieux ne pas prévenir trop tôt un aîné d'un début de grossesse, on peut prendre le temps de préparer, très en amont, un enfant à l'adoption du second. On peut, ainsi, faire coïncider l'annonce du projet avec le début des démarches. Même si, ensuite, le temps lui semble long.

⇨ Une autre histoire, proche de la sienne

Comme dans une fratrie ordinaire, l'enfant qui va arriver sera un «autre soi différent». Et les parents ne devront pas craindre de commencer beaucoup de leurs explications par «comme toi», tout en prenant bien soin de préciser que «mais lui ce n'est pas pareil». Il faut le préparer à tout un tas de questions pratiques autour de la langue, de la différence éventuelle de faciès… Essayer, même, de lui proposer de participer à un certain nombre d'étapes du processus, sans le transformer en parent *bis*. On ne fait pas choisir le pays d'adoption du deuxième enfant par le premier, par exemple. Comme pour un enfant «biologique», il ne faut pas non plus attendre qu'il réagisse avec reconnaissance et maturité, sans aucune mauvaise humeur ni contrariété. Il aura, lui aussi, peur de perdre sa place, même s'il n'y a pas de grossesse pour lui faire physiquement réaliser que sa mère aura bientôt un autre enfant à materner. À ce titre, l'accueil d'un enfant déjà grand est parfois plus compliqué que l'accueil d'un petit bébé. De par ses souvenirs, ses blessures fraîches, l'enfant qui arrive va être l'objet d'une attention très particulière, nimbée d'un sentiment de mystère sur son passé… Mais si cette situation bouscule l'aîné, il peut aussi y trouver un allié imparable : le jeu. À 5 et 4 ans, même quand on ne parle pas la même langue, on peut jouer! Et si l'accueil se passe bien, l'aîné va être valorisé par son tutorat. D'une manière générale, l'aîné de deux enfants adoptés est moins animé par la jalousie et la rivalité que par la crainte d'être de nouveau abandonné. Gardez cette particularité en tête. Profitez de toutes les occasions pour le réassurer sur sa place dans votre famille et dans la famille élargie (grands-parents, oncles, tantes, cousins…).

Quand l'aîné est un enfant biologique

⇨ Tout dépend du pourquoi

Ce n'est pas un cas de figure fréquent, mais cela arrive. Un enfant biologique risque-t-il plus qu'un autre de se sentir dépossédé de ses parents par un enfant adopté? Tout dépend de ses parents, de leur démarche, de leur histoire… Qu'est-ce qui fait qu'un couple qui a déjà un enfant en adopte un autre? Soit quelque chose de douloureux a présidé à cette décision (enfant mort, maladie de la maman, âge du couple…), auquel cas il y a un contexte de deuil et de renaissance à travers l'adoption qui va beaucoup retentir sur l'aîné. Soit c'est un vœu personnel, une démarche humaniste à laquelle les parents vont associer leur enfant biologique. Dans ces deux cas, réparation et culpabilité, enthousiasme et gravité sont très forts. Tout dépend de la façon dont ces sentiments sont transmis et expliqués à l'enfant.

⇥ Expliquez-lui votre démarche

Que vous culpabilisiez parce que vous sortez d'une épreuve ou parce que trop d'enfants sans parents tendent leurs bras à l'autre bout du monde, vous devrez, pour votre aîné, rendre positive votre attitude. Exactement comme vous le faites entre vous, ou auprès de vos amis, pour justifier votre démarche. Votre enfant a besoin que vous lui expliquiez de façon personnelle, sincère, pourquoi vous désirez adopter un autre enfant. Rien de pire qu'un discours bien appris et correct comme une leçon de choses... Il faut utiliser des mots simples, sans en faire des tonnes : «Papa et maman ne peuvent plus avoir d'autres enfants», ou : «Papa et maman ont décidé qu'ils avaient suffisamment de place et d'amour pour un autre enfant.» Suscitez chez lui une prise de conscience et proposez une action positive... à laquelle il sera très souvent heureux d'adhérer.

⇥ L'égalité dans la différence

L'enfant risque de se sentir un peu dépossédé de ses parents, bien sûr, mais comme n'importe quel aîné. Ni plus ni moins, si ses parents veillent à lui conserver sa place et ne sont pas sans cesse en train d'anticiper négativement sur ses réactions. Mais le risque n'est peut-être pas là. L'enfant biologique peut aussi se sentir plus légitime que sa petite sœur ou son petit frère adopté! Il est même probable que ces deux sentiments cohabitent. Ne lui interdisez pas de revendiquer sa différence, mais soulignez l'égalité. L'enfant «fait maison» et l'enfant «adopté» sont tous deux issus d'une même démarche d'amour, même si cela est très différent dans les faits. À vous, là encore, de trouver le vocabulaire qui convient pour différencier leurs statuts sans établir de privilège. La différence de couleur – quand l'un est blanc, l'autre noir –, ils la vivront surtout dans le regard extérieur porté sur leur fratrie. Parce qu'eux-mêmes, quelles que soient les difficultés, ne se vivront pas autrement que comme frères ou sœurs... Avec autant de disputes et d'élans que n'importe quels frères et sœurs.

La rencontre

On l'embarque dans le voyage?

L'adoption internationale est, aujourd'hui, la principale voie d'adoption pour un couple occidental. Ce processus entraîne presque toujours un ou plusieurs déplacements vers le pays d'origine de l'enfant adopté, et il est préférable, quand cela est possible, d'emmener l'aîné avec vous. Pour une raison essentielle : le voyage risque d'être assez long. Une coupure d'un mois et demi, deux mois parfois, est interminable pour un enfant, surtout lorsqu'il a été lui-même adopté et qu'il a pris conscience d'avoir été abandonné... Une telle absence risque de réactiver la peur d'être délaissé, au profit d'un autre enfant qui plus est ! Si c'est un voyage d'une semaine à l'autre bout du monde, si cela l'oblige à interrompre sa scolarité, si c'est compliqué sur le plan logistique et financier, il n'est peut-être pas utile de le stresser. Mais alors il faut veiller à ce qu'il soit gardé par un membre de la famille – grands-parents ou oncles et tantes –, de façon que cette parenthèse obligée le conforte dans sa famille, dans son statut d'aîné.

⇨ L'apparentement

Si vous emmenez l'aîné avec vous à l'étranger, veillez à ne pas lui présenter son petit frère ou sa petite sœur tant que l'apparentement n'a pas été conclu définitivement. Ne l'associez pas à la tournée incertaine des orphelinats. Malgré votre fébrilité et votre fragilité face aux autorités locales et à ce cheminement plein d'embûches, il faut garder à l'esprit que votre enfant enregistre ce voyage, y trouve parfois des explications sur sa propre origine. Prenez garde à ne pas lui faire vivre des choses que vous aurez du mal à expliquer ou à assumer par la suite devant vos enfants : l'argent, les questions autour du choix, les situations glauques... Le plus simple étant de ne rien faire que vous ne pourriez expliquer aux enfants, plus tard, sur leur histoire avec vous. Et puis, exactement comme pour un premier tête-à-tête à la maternité, ne vous mettez pas martel en tête si l'aîné ne manifeste pas une joie profonde de découvrir la tête de son petit frère. Et ne vous formalisez pas de sa réaction s'il n'a pas envie que le petit frère monte dans l'avion.

⇨ Quand on ramène l'enfant à la maison

C'est un instant délicat, plein d'émotions, assez brutal quoi qu'on fasse, parce que ce n'est pas un nourrisson qui s'installe, mais un bébé né depuis un moment déjà : «Voilà ton petit frère.» Tout au long du processus d'adoption et de l'attente, il aura forcément été l'objet de projections et de fantasmes de la part de l'aîné. Mais ce dernier va soudain se poser plein de questions qu'il ne s'était pas posées : «Il est maigre, il est malade?», «Mais pourquoi vous n'avez pas choisi une fille?», «Pourquoi il a les yeux bridés?»... Prenez le temps de lui répondre, même si ces questions vous semblent abruptes. Il a besoin de réponses pour accepter ce qui est. Profitez-en pour lui expliquer que, comme dans une naissance classique, les parents ne choisissent pas, ou pas tout. Il peut y avoir déception et inquiétude de l'aîné : le petit est déjà grand, il va prendre de l'espace... Il peut arriver que ce deuxième enfant déclenche des cataclysmes, mais il faut garder le cap, ne pas figer l'aîné dans ses mauvaises réactions, compter sur le temps et la relation fraternelle, rester attentifs à chacun et surtout confiants en vous tous : vous formez une famille. Vous devrez, par la suite, vous préparer et vous armer contre les remarques stupides ou agressives de personnes extérieures, qui vous demanderont devant les enfants : «Sont-ils vraiment frères et sœurs?», au risque de créer un doute dans l'esprit de vos enfants et des questions qu'ils ne s'étaient pas encore posées : «Ai-je d'autres frères quelque part?»... À vous de trouver des réponses qui expliquent qu'une fratrie se construit et n'est pas seulement affaire de sang ; que vos enfants ont aujourd'hui les mêmes parents ; qu'effectivement, ils ont peut-être des frères et sœurs dans leur pays de naissance : si vous avez des informations qu'ils sont en âge d'intégrer, donnez-les...

L'essentiel

▓ Si votre aîné aussi a été adopté, il faut avoir pris temps de l'accueillir avant d'adopter le second enfant, même s'il y a peu d'écart d'âge. Toute adoption se fait en deux temps : l'accueil et l'explication. Le temps de l'accueil du second peut être le temps de l'explication pour le premier.

▓ Si votre aîné est un enfant biologique, vous devez lui expliquer les raisons de votre décision, l'associer à votre démarche, rendre positives votre gravité ou votre culpabilité, sans perdre de vue qu'il reste un enfant.

▓ Si vous adoptez un deuxième enfant dans un pays lointain, essayez autant que possible d'emmener votre aîné dans le voyage. Non pas pour lui faire faire la tournée des orphelinats, mais pour ne pas le laisser seul trop longtemps, durant cette période délicate pour lui, où la peur d'être abandonné peut être réactivée.

▓ Attendez toujours que l'apparentement soit ferme et définitif pour présenter les deux enfants, épargnez à votre aîné les situations glauques.

On attend un nouveau bébé

■ Expliquez à votre aîné, adopté ou biologique, que ce petit frère est un «égal différent». Aucun n'est plus légitime que l'autre. Leur histoire est différente, votre démarche a été la même.

■ Attendez-vous à ce qu'il y ait autant d'ambivalence dans leur relation qu'entre n'importe quels frères et sœurs.

Chapitre 9
Quand le petit frère n'arrive pas

Une grossesse ne se conclut pas toujours, hélas, par un heureux événement. Une fausse couche, un avortement thérapeutique, un problème à la naissance… À quelle bonne distance tenir l'aîné de ces deuils?

■ La fausse couche précoce

⇥ Mettre des mots sur votre tristesse

Les statistiques sont têtues : environ 20 % des grossesses ne dépassent pas le stade du troisième mois. Il faut l'avoir en tête, c'est d'ailleurs une des raisons – de bon sens – pour lesquelles il est préférable de ne pas annoncer trop vite à un enfant qu'on attend un bébé. Si on l'a déjà fait, et si l'on sort sonné d'une première échographie qui révèle un œuf clair, il va bien falloir

expliquer à l'aîné que ce petit frère ne va pas arriver...
«Pas tout de suite», en tout cas. Autant il est inutile de
lui faire un cours de sciences naturelles sur la fragilité
du développement embryonnaire, autant il faut
mettre des mots sur votre tristesse, vos larmes, votre
changement d'humeur... et les aléas de la nature.
«On a cru que ça allait marcher, mais on s'est trompés.
Ce sera pour une prochaine fois. On est un peu tristes
bien sûr, parce qu'on aurait bien aimé que ça marche,
mais ça va passer, tu n'y es pour rien.» Il est important
de prendre sur soi pour rassurer votre enfant, vous allez
surmonter cette épreuve. Essayez, du moins, de ne pas
créer trop de perplexité et de confusion autour de ce
faux départ douloureux mais courant, qui n'hypo-
thèque en rien vos chances d'avoir très prochaine-
ment un autre enfant.

⇨ Ne pas tout dire

Si vous n'aviez pas encore informé l'aîné de la grossesse, il n'est sans doute pas nécessaire de lui expliquer ce qui vous arrive, à vous, ses parents. Cela fait
beaucoup d'informations brutales et complexes à
assimiler à la fois : un petit frère, et puis finalement pas
de petit frère... L'aîné, en réalité, sera surtout inquiet
de ressentir votre changement d'humeur. Et, là encore,

il faut essayer d'y mettre des mots : «On avait un projet, mais finalement on va devoir attendre encore un peu... Ça nous chagrine, mais ça va passer.» Respecter son enfant, dialoguer avec lui, c'est surtout être à son écoute. Parvenir à lui parler de ce qu'il perçoit en termes simples, ne pas lui imposer une transparence absolue pour soulager votre cœur. Épargnez-lui d'inutiles angoisses et questionnements, projetez-vous plutôt avec lui dans l'avenir. Ce peut être l'occasion d'aborder en douceur, si vous ne l'avez déjà fait, votre envie d'avoir un autre enfant...

Quand le ventre était déjà bien rond

⇨ Expliquer ce qu'il peut comprendre

Quand une grossesse s'interrompt alors qu'elle était déjà bien visible, au-delà du premier trimestre, il est impossible – et certainement pas souhaitable – de le cacher à l'aîné. Comment pourrait-il ignorer cette lame de fond qui s'abat sur ses parents, l'hospitalisation de sa maman, ses larmes et ce grand vide impossible à accepter sur le moment? Il est donc important de lui faire part de ce qui arrive, mais, là encore, en des termes compréhensibles pour un enfant : «Le bébé était malade, il ne va pas naître.» Si votre aîné est en mesure de comprendre les notions de handicap ou de malformation, vous pouvez expliquer : «La vie du bébé aurait été trop difficile, il aurait été trop malade pour vivre.» Prenez garde, toutefois, aux termes que vous employez. Il ne faut pas que votre enfant pense bébé = «monstre», ou grossesse = «danger». À vous d'estimer si vous pouvez évoquer sans distiller trop d'angoisse une trisomie 21 ou une maladie génétique.

⇨ C'est votre décision

L'interruption volontaire de grossesse pour raisons thérapeutiques est une décision d'adulte. Il est très troublant pour un enfant de penser que ses parents puissent avoir le droit de vie ou de mort sur les bébés, ce qui n'est pas le cas puisque c'est une décision médicale. Pour lui, le futur bébé est déjà quelque chose de vivant, l'enfant ne rentre pas dans les subtilités légales, ne fait aucune distinction entre bébé et fœtus, «viable» ou «non viable». Il n'est vraiment pas nécessaire de lui expliquer qu'il y a eu décision active. Cela ne change rien, au fond, à la situation et à votre chagrin. D'ailleurs, dans un premier temps du moins, l'enfant se contente assez facilement d'explications vagues et ressent surtout ce que cette interruption de grossesse contient de fatalité. Il n'a pas besoin que soient désignés des responsables, d'autant qu'il pourrait se sentir, très rapidement, aussi responsable que vous : l'enfant sensible peut ressentir de la culpabilité d'être vivant, bien portant, et d'avoir un peu souhaité, parfois, que ce bébé ne vienne pas...

⇨ Une information en plusieurs temps

Il faut s'attendre à ce que votre aîné, comme vous-mêmes d'ailleurs, mette plusieurs mois à digérer cette grossesse inachevée. Il aura des questionnements sur la cellule familiale, des interrogations sur la vie, la mort, le destin qui risquent parfois de vous bousculer à des moments inattendus : «Dis, papa, vous l'aviez mal fabriqué, le bébé?», ou, plus ambigu : «Il était raté, ce bébé, finalement je suis content qu'il ne soit pas né.» Vous avez bien le droit de fondre en larmes face à ses réactions : cela peut permettre de crever l'abcès, d'expliquer votre tristesse. On ne peut pas cacher son chagrin à un enfant, il serait totalement illusoire de penser y arriver. Expliquez plutôt qu'il est important de prendre le temps d'être triste et qu'après, ça ira mieux. Et puis ne lui martelez pas sans cesse «Tu n'y es pour rien», il finirait par penser qu'il y est pour quelque chose...

La perte du bébé à la naissance

⇨ Un vrai deuil

Un bébé qui naît gravement malade, ou qui succombe dans les premières heures de vie, c'est un événement de vie dramatique auquel aucun guide ne saurait préparer. Ce bébé au destin tragique restera à jamais gravé dans l'histoire de la famille – il en fera d'ailleurs partie puisqu'il figurera dans le livret de famille – et marquera durablement son aîné (et même souvent les enfants suivants). Surtout si l'aîné a approché ce petit frère, sa perte représentera un véritable deuil, d'autant plus fort qu'il sera inévitablement lié à celui – abyssal – que vivent ses parents. Ce deuil risque de le laisser momentanément bien seul. On ne peut pas dédramatiser un tel événement, tout juste peut-on essayer d'éviter, si on en a la force, qu'il ne le soit davantage. Malgré le raz-de-marée d'émotions dans lequel l'enfant se trouve pris, il reste un enfant. Il a le droit d'être triste, mais, aussi, par moments, joyeux et indifférent : aucun enfant ne prend vraiment conscience de la mort avant 6 ans. On peut les associer à une petite cérémonie symbolique, si ce rituel soulage les adultes et porte un peu d'espoir, mais il faut veiller à ne pas imposer à un enfant encore petit des ambiances trop complexes et tragiques.

⇨ **Trouver des relais**

Dans cette période tourmentée où ses deux adultes référents (son père et sa mère) vont être submergés, les grands-parents, les oncles, les tantes ont un rôle à jouer. Parfois, les parents s'en veulent mutuellement, chacun se mure dans sa tristesse et l'enfant se retrouve la seule bouée, la seule parcelle de vie à laquelle l'un et l'autre se raccrochent. Il n'est pas rare, notamment, que la maman perde pied. Les scènes de cauchemar, de pleurs, de hurlements, l'enfant les imprime très tôt. On ne peut pas toujours lui éviter d'en être le témoin, mais il faudra alors lui en donner une grille de lecture après coup : on n'est pas infaillibles, et dans certaines situations, on a besoin d'aide. L'adulte ne doit pas culpabiliser de sa douleur, on ne peut pas préserver l'enfant de certaines réalités de la vie. Injustice, fatalité, destin, on y met les mots que l'on veut. C'est l'occasion de proposer à l'enfant de développer ses moyens d'expression (cubes, pâte à modeler, dessin...) et de défoulement. Lui aussi a besoin d'exprimer sa révolte. Un enfant est rarement digne et triste, ou alors c'est de la retenue. Et c'est encore plus préoccupant : le sujet a dû être transformé en tabou, en allusions, en chuchotements. Or cela n'a rien de honteux de perdre un enfant, il faut en parler, comme on peut, quand on peut.

L'essentiel

■ Il n'est pas nécessaire d'évoquer une fausse couche précoce devant un enfant qui n'était pas au courant de la grossesse. C'est bien davantage votre tristesse et votre changement d'humeur qui vont l'inquiéter, plutôt que ce bébé qu'il n'attendait pas.

■ Si l'enfant a déjà été mis au courant de la grossesse et qu'elle s'interrompt, tentez de lui expliquer avec des mots simples, sans trop rentrer dans des détails biologiques.

■ Expliquez votre tristesse et assortissez vos explications d'un message d'espoir : «Ce n'est pas pour cette fois, ce sera pour une prochaine fois.»

■ S'il s'agit d'un avortement thérapeutique, inutile de préciser à votre enfant qu'il s'agit d'une décision active.

■ Préparez-vous à ce qu'il «digère» cet événement en plusieurs temps, qu'il vous questionne sur la vie et la mort.

▓ S'il perd son petit frère à la naissance, même s'il ne l'a pas vu, il vivra un deuil comparable au vôtre, et qui sera impossible de dédramatiser.

▓ C'est un enfant : il ne pourra ni vous consoler, ni se murer dans un chagrin d'adulte. Épargnez-lui les ambiances trop tragiques, laissez-le à ses plages d'insouciance, permettez-lui de s'exprimer. Et faites-vous aider et relayer, si besoin est.

Conclusion

Et si vous envisagiez d'agrandir votre famille comme vous le souhaitez, et non comme vous le craignez ? Bien sûr, il ne s'agit pas d'ignorer les aspects difficiles de la relation entre les frères et sœurs. Que vous le vouliez ou non, il y aura rivalité, compétition, domination, des cheveux tirés et des portes claquées... Mais aussi complicité, solidarité, partage des racines, valeurs communes... Tout cela existe bel et bien entre frères et sœurs, et existera d'autant plus que vous les y aiderez. Pourquoi est-il important de chausser des lunettes optimistes et de ravaler autant que possible votre culpabilité ? Parce que vous risquez fort, autrement, de conforter très tôt votre progéniture dans l'idée que vous lui avez fait un coup pendable en décidant d'avoir plusieurs enfants. Or, vous n'avez pas à vous sentir trop en dette envers votre aîné. Ce petit frère ou cette petite sœur que vous lui imposez, c'est dans l'ordre des choses... C'est possiblement compliqué et possiblement joyeux, il faut l'assumer.

La solution, au fond, est d'essayer de ne pas (trop) «se prendre la tête» et de faire avec ce que vous êtes.

On attend un nouveau bébé

L'arrivée d'un autre enfant est une belle occasion pour le couple de jouer de sa complémentarité, de trouver une nouvelle synergie. Le père et la mère ne sont jamais des êtres semblables, leur confiance et leurs craintes ne le sont jamais, non plus. Elles peuvent se compléter, se compenser, s'équilibrer. L'important, c'est d'avoir des objectifs communs pour vos enfants, qui vont les nourrir, les faire grandir et les accompagner dans toute la première partie de leur vie. Nul besoin de mettre la barre trop haut : aucune relation – surtout familiale – n'est idéale ! Il faudra juste savoir rester à l'écoute de vos enfants, avoir des élans, faire preuve de compréhension. Parvenir à ce que chacun puisse se sentir – de temps en temps – enfant unique, tout en faisant partie d'une fratrie, d'une famille, d'une société… C'est cette poupée russe qui permet à l'enfant de se développer. Et vous en êtes la base.

Des sentiments divers vont se bousculer dans la tête de votre aîné, à commencer par la prise de conscience qu'il n'est pas l'enfant unique d'une mère qui, elle, restera unique. Il lui faudra passer – et souvent aller et venir – du sentiment de «dépossession» à l'acceptation du partage. À vous de le convaincre, en douceur, que le partage n'est pas une réduction arithmétique. Cela prendra un peu de temps, nécessitera des ajustements, demandera de la maturation, et ne dépendra pas que de vous. Bien des paramètres vont vous échapper : les amis, l'école, la carrière, les succès amoureux, le hasard ou la chance. L'entourage aussi soulignera les ressemblances et les différences de vos enfants. Vous n'aurez pas prise sur tout, vous ne serez pas responsables de tout. Mais moins vous serez tentés – vous, parents – de les comparer, de les mettre en compétition, de les affubler de qualificatifs opposés («petit» et «grand»), moins vous ferez le lit de leur rivalité future.

Sans en faire une obsession, il faut garder à l'esprit cette évidence : vous ne serez jamais des observateurs neutres. Votre seule présence modifiera la relation de vos enfants. Ils en feront des tonnes devant vous, très tôt. Votre amour, votre attention – même votre préoccupation – peuvent devenir un enjeu ! En accueillant le nouveau-né, le meilleur moyen de se tirer d'affaire est d'affirmer deux évidences : il y a «lien» et «différence» entre lui et l'aîné. Plus les frères et sœurs seront convaincus, en grandissant, de ces deux évidences sereines et solides, plus ils pourront trouver de ponts entre eux, de territoires communs pour se développer harmonieusement côte à côte. Cela se fera par étapes, avec probablement des périodes plus difficiles que d'autres... Attendez de voir le moment où le plus jeune va se mettre à marcher et à attraper les jouets de son frère ! Mais même les crises, les cris, les batailles exaspérantes sous-entendent une sacrée vitalité. Aimer, envier, provoquer, repousser, haïr, c'est – d'un bout à l'autre – la palette des sentiments humains. Au fond, c'est la relation au monde qui se joue entre ces enfants qui ne se sont pas choisis et qui se retrouvent embarqués sur le même bateau. N'est-ce pas un pari à la fois excitant et réconfortant, pour vous qui êtes à la barre ? Vous pouvez, à votre échelle, agir sur le monde. Et y investir une belle dose de vos espoirs… et de vos convictions.

Bibliographie

▨ Pour les parents

ANGEL S., *Des frères et des sœurs : les liens complexes de la fraternité*, Robert Laffont, coll. «Réponses», 1996.

DUMONTEIL-KREMER C., *Relations frères-sœurs : du conflit à la rencontre*, Jouvence, coll. «Maxi Pratiques», 2006.

PETITCOLLIN C., *Du divorce à la famille recomposée : éviter les pièges*, Jouvence, 2005.

PRIEUR N., GRAVILLON I., *Arrêtez de vous disputer! Faut-il se mêler des conflits des enfants?* Albin Michel, coll. «C'est la vie aussi», 2005.

RUFO M., SCHILTE C., *Frères et sœurs, une maladie d'amour*, Livre de Poche, 2003.

SALLEZ H, THIS B., *Tous jaloux? : lorsqu'un autre enfant paraît*, Belin, coll. «Naître, grandir, devenir», 2005.

SAMALIN N., *«C'est pas juste!» : comment gérer les conflits entre frères et sœurs*, Flammarion, 1999.

SCELLES R., *Frères et sœurs, complices et rivaux…*, Fleurus, coll. «Métier de parents», 2003.

Pour les enfants

⇨ Pour expliquer la grossesse aux moins de 3 ans

ASHBE J., *Et dedans il y a...*, L'École des loisirs, coll. «Pastel», 1997. (Dès 18 mois.)

TEXIER O., *Maman ourse a un gros ventre*, L'École des loisirs, coll. «Loulou et Cie», 1997. (Dès 1 an.)

⇨ Pour dédramatiser l'arrivée du bébé auprès des tout-petits

BOUR D., Aubinais M., *Petit ours brun et le bébé*, Bayard Jeunesse, 2005.

COURTIN T., *T'choupi a une petite sœur*, Nathan Jeunesse, 1998.

HAHN C., *Boubou a un petit frère*, Casterman, coll. «Albums Boubou», 2006.

LEDU S., *Beurk, un bébé!*, Milan Jeunesse, coll. «Trottinette», 2003.

LEUYEN P., *Petite sœur, grande sœur*, Albin Michel Jeunesse, 2006.

WALSH M., *Minna et son petit frère*, Gallimard Jeunesse, 2003.

⇨ Pour évoquer les craintes des plus de 3 ans

ALLANCÉ M. (d'), *Et moi!* L'École des loisirs, coll. «Lutin poche», 1999.

DUMONT V., MONTAGNAT S., *Questions d'amour, 5-8 ans*, Nathan, coll. «Question d'amour», 2004.

GUTMAN A., HALLENSLEBEN G., *La Petite Sœur de Lisa*, Hachette Jeunesse, coll. «Les catastrophes de Gaspard et de Lisa», 2001.

LAMBLIN C., FALLER R., REDERER C., *La Maman de Jules attend un bébé*, Nathan, 2001. (4 ans.)

LEUYEN P., *Petite sœur, grande sœur*, Albin Michel Jeunesse, 2006.

NAUMANN-VILLEMIN, BARCILON M., *Un petit frère pour Nina*, L'École des loisirs, coll. «Lutin poche», 2006.

NAUMANN-VILLEMIN, BARCILON M., *Le Tournoi des jaloux*, L'École des loisirs, coll. «Kaléidoscope», 2003. (À partir de 4-5 ans.)

SEARS W. et M., WATTS KELLY C., *Un bébé arrive dans la famille*, Chantecler, 2002. (À partir de 4 ans.)

VILCOQ M., *J'attends un petit frère*, L'École des loisirs, coll. «Matou», 1999.

WENINGER B., THARLET E., *Une petite sœur pour Fenouil*, Éditions Nord-Sud, 1999.

⇨ Pour expliquer la conception, la naissance, aux plus de 3 ans

ANDREAE G., FLOURY M.-F., CABBAN V., *Il y a une maison dans ma maman*, Gautier-Languereau, 2001.

RASTOIN-FAUGERON F., *La Naissance*, Nathan, 2003. (dès 4 ans.)

Table

Conception graphique et réalisation : Louise Daniel.
Impression Bussière en décembre 2006.
Editions Albin Michel
22, rue Huyghens, 75014 Paris www.albin-michel.fr
ISBN : 978-2-226-16935-8
N° d'édition : 24802. – N° d'impression : 064101/1.
Dépôt légal : janvier 2007.
Imprimé en France.